2022
全国技术市场统计年报

2022 ANNUAL REPORT ON STATISTICS OF
CHINA TECHNOLOGY MARKET

贾敬敦　吕先志◎主　编
李有平　赵树璠　徐　轶◎副主编

科学技术文献出版社
SCIENTIFIC AND TECHNICAL DOCUMENTATION PRESS
·北京·

图书在版编目（CIP）数据

2022全国技术市场统计年报 = 2022 ANNUAL REPORT ON STATISTICS OF CHINA TECHNOLOGY MARKET / 贾敬敦，吕先志主编. —北京：科学技术文献出版社，2022.12
ISBN 978–7–5189–9800–5

Ⅰ.①2… Ⅱ.①贾… ②吕… Ⅲ.①技术市场—统计资料—中国—2022 Ⅳ.① F723.84

中国版本图书馆CIP数据核字（2022）第221185号

内容简介

《2022全国技术市场统计年报》数据来源于全国技术合同认定登记，主要反映2021年全国技术合同交易及国家技术转移机构运行情况。从技术输出与吸纳、知识产权结构、技术领域分布、科技计划项目、服务社会经济目标等维度，对技术合同数据进行深入分析，总结了全国技术合同交易的特点和趋势。重点分析了京津冀地区、长三角地区、粤港澳大湾区等地区技术交易支撑国家区域发展战略情况，对技术（产权）交易机构、国家技术转移机构等服务于技术交易的情况进行调查和分析，整理形成技术市场大事记。

2022全国技术市场统计年报

策划编辑：丁芳宇　秦　源　责任编辑：王　培　责任校对：王瑞瑞　责任出版：张志平

出 版 者	科学技术文献出版社
地　　址	北京市复兴路15号　邮编　100038
编 务 部	（010）58882938，58882087（传真）
发 行 部	（010）58882868，58882870（传真）
邮 购 部	（010）58882873
官方网址	www.stdp.com.cn
发 行 者	科学技术文献出版社发行　全国各地新华书店经销
印 刷 者	北京时尚印佳彩色印刷有限公司
版　　次	2022年12月第1版　2022年12月第1次印刷
开　　本	889×1194　1/16
字　　数	129千
印　　张	6.75
书　　号	ISBN 978–7–5189–9800–5
定　　价	68.00元

版权所有　违法必究

购买本社图书，凡字迹不清、缺页、倒页、脱页者，本社发行部负责调换

《2022 全国技术市场统计年报》编委会

主　　　编：贾敬敦　吕先志
副 主 编：李有平　赵树璠　徐　轶
编　　　委（按姓氏笔画顺序）：
　　　　　　王胤杰　王素英　王崇锦　王博宇
　　　　　　朱迎春　刘　军　刘　珣　孙启新
　　　　　　李　享　李楠林　谷潇磊　张　通
　　　　　　张　琳　张立红　张明倩　张艳秋
　　　　　　陈　彦　陈志军　尚雁杰　周　航
　　　　　　庞林花　党　琳　郭　曼　韩方舟
　　　　　　魏　颖
主要执笔人：孙启新　张立红　魏　颖　王博宇
　　　　　　党　琳　张明倩　王素英

编写说明

2021年是"十四五"开局之年，也是开启全面建设社会主义现代化国家新征程、向第二个百年奋斗目标进军的关键之年，我国技术市场深入贯彻落实《中共中央 国务院关于构建更加完善的要素市场化配置体制机制的意见》《建设高标准市场体系行动方案》等中央文件精神，着力发挥市场在高质量科技成果供给、创新资源优化配置中的决定性作用，引导技术要素市场体制机制创新，技术交易规模和质量持续提升，为加快实现高水平科技自立自强打下坚实的基础。

《2022全国技术市场统计年报》是根据科技部《全国技术市场统计调查方案》，经国家统计局国统制〔2022〕11号文件批准，由科技部委托火炬高技术产业开发中心对2021年度全国技术合同认定登记情况、科技计划项目成果转化情况、技术输出吸纳情况、技术合同服务的社会经济目标情况、知识产权情况、技术领域情况，以及技术（产权）交易机构、国家技术转移机构促进科技成果转移转化情况进行统计调查而成。2021年，全国技术市场统计工作涉及31个省（自治区、直辖市）和新疆生产建设兵团、5个计划单列市、10个副省级城市、420家国家技术转移机构和26家技术（产权）交易机构。

目　录

第一部分　技术交易总体概述 ··· 1
　　一、基本情况 ··· 2
　　二、特点分析 ··· 5

第二部分　技术合同构成 ··· 10
　　一、合同类别构成 ·· 10
　　二、知识产权构成 ·· 11
　　三、技术领域构成 ·· 12
　　四、社会—经济目标构成 ·· 12
　　五、科技计划项目构成 ·· 14
　　六、重大技术合同构成 ·· 15
　　七、技术交易主体构成 ·· 16

第三部分　各地技术交易 ··· 34
　　一、合同登记情况 ·· 34
　　二、技术输出情况 ·· 36
　　三、技术吸纳情况 ·· 40

第四部分　区域技术交易 ············· 42

一、东部地区 ············· 42

二、中部地区 ············· 43

三、西部地区 ············· 44

四、东北地区 ············· 45

五、京津冀地区 ············· 46

六、长三角地区 ············· 47

七、粤港澳大湾区 ············· 47

八、共建"一带一路" ············· 48

九、境外地区 ············· 51

第五部分　技术交易机构 ············· 57

一、技术（产权）交易机构 ············· 57

二、国家技术转移机构 ············· 61

第六部分　附　表 ············· 65

第七部分　大事记 ············· 96

第一部分 技术交易总体概述

2021年是国家"十四五"规划和2035年远景目标开局之年，我国技术市场深入贯彻落实创新驱动发展战略，依据《中共中央 国务院关于构建更加完善的要素市场化配置体制机制的意见》《建设高标准市场体系行动方案》等文件精神，着力发挥市场在高质量科技成果供给、创新资源优化配置中的决定性作用，引导技术要素市场体制机制创新，技术市场交易规模和质量持续提升，实现"十四五"良好开局。据对全国登记的技术合同的统计，2021年全年共签订技术合同670 506项，成交额为37 294.3亿元，同比分别增长22.1%和32.0%。平均每项技术合同成交额从上年的514.3万元增长到556.2万元（图1-1、图1-2）。

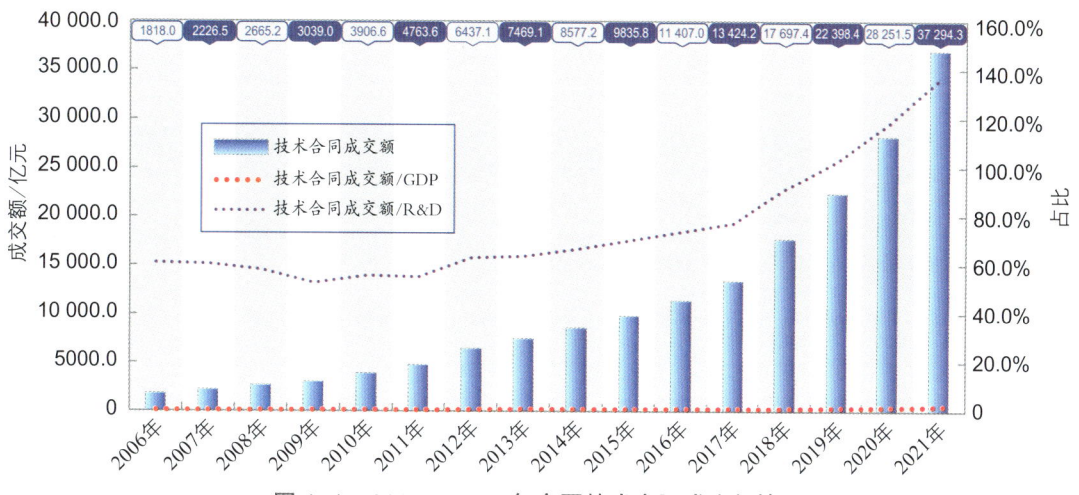

图1-1 2006—2021年全国技术合同成交额情况

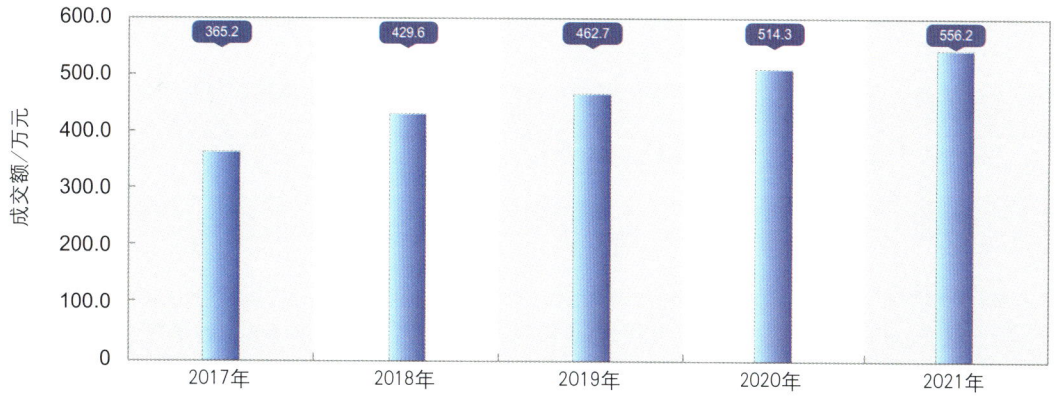

图1-2 2017—2021年平均每项技术合同成交额情况

一、基本情况

1. 技术市场持续快速发展，实现"十四五"良好开局

2021年，面对复杂严峻的国内外形势，我国技术市场深入实施创新驱动发展战略，科技创新能力不断提升，市场环境持续优化，市场化配置科技创新资源的效率显著提高，技术要素市场管理与服务体系日益完善，技术交易持续活跃，在服务国家重大战略、促进科技成果转移转化、支撑经济高质量发展等方面取得显著成绩，为"十四五"良好开局奠定坚实的基础。全国技术合同成交额为 37 294.3 亿元，占国内生产总值的比重由 2020 年的 2.8% 上升至 3.3%，技术合同成交额与 R&D 经费支出比值由 2020 年的 115.7% 上升至 133.4%（表 1-1）。

表 1-1　2017—2021 年全国技术合同成交额与 GDP 和全社会 R&D 经费总值的比较

年份	2017 年	2018 年	2019 年	2020 年	2021 年
国内生产总值 GDP/ 亿元	832 035.9	919 281.1	986 515.2	1 015 986.2	1 143 670.0
全社会 R&D 经费 / 亿元	17 606.1	19 677.9	22 143.6	24 426.0	27 956.3
技术合同成交额 / 亿元	13 424.2	17 697.4	22 398.4	28 251.5	37 294.3
技术合同成交额 /GDP(%)	1.6	1.9	2.3	2.8	3.3
技术合同成交额 /R&D(%)	76.2	89.9	101.2	115.7	133.4

2. 技术开发与转让持续活跃，科技创新与服务能力显著提升

技术开发与技术服务合同成交额占技术合同成交额九成。2021 年，技术开发与技术服务依然是技术交易最主要的方式，技术合同成交额之和占全国技术合同成交总额的比重近 90%。围绕新技术、新产品、新工艺、新品种和新材料及其系统的研究开发服务而产生的技术开发合同金额比上年大幅增长，成交额为 11 673.9 亿元，同比增长 31.5%；技术服务合同成交额连续 9 年占据首位，达到 21 422.6 亿元，同比增长 30.2%（图 1-3）。

技术转让合同成交额增幅居首位。2021 年，技术转让合同成交额为 3246.6 亿元，同比增长 35.4%。其中，技术秘密、技术许可合同成交额占比分别为 44.3% 和 29.5%，各类知识产权转让合同成交额占比为 23.5%。技术秘密转让仍是较为普遍的技术转让方式，成交额为 1438.7 亿元，同比增长 69.3%；专利实施许可合同交易逐年增加，成交额为 958.4 亿元，同比增长 17.5%。各类知

第一部分 技术交易总体概述

识产权转让合同中,专利权转让合同成交额为524.3亿元,占比为68.8%。

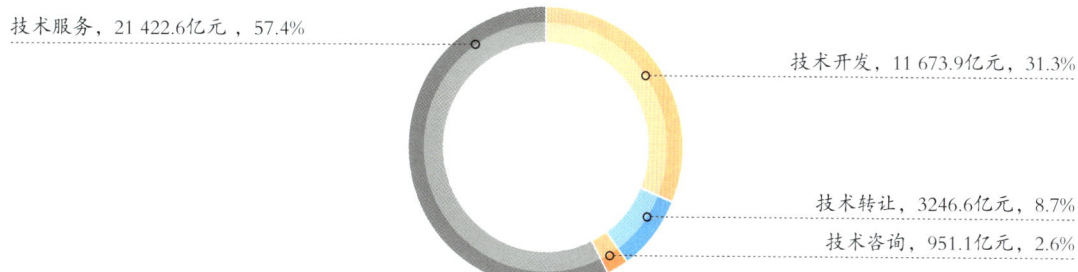

图1-3 2021年技术合同构成情况

3. 技术交易质量稳步上升,高技术领域特色突出

技术合同平均交易价格不断提高。平均每项技术合同成交额从上年的514.3万元增长到556.2万元,同比增长8.1%。技术转让合同成交额占全国的比重虽不足10%,但平均成交额居首位,为946.1万元,远高于技术服务合同(639.1万元)和技术开发合同(455.4万元)。

技术交易知识产权含量稳步提升。涉及知识产权的技术合同有218 786项,成交额为14 282.6亿元,同比分别增长17.6%和26.9%。其中,涉及专利的技术合同有43 926项,成交额为5440.3亿元,同比增长43.5%。

重点产业领域发展势头强劲。围绕国家产业需求的重点领域技术研发、成果转化和延伸服务快速增长,电子信息、先进制造、新能源与高效节能、生物、医药和医疗器械、环境保护与资源综合利用等高技术领域的技术合同成交额占全国的比重达到66.6%。其中,电子信息领域技术合同成交额为8498.7亿元,增幅为34.4%;先进制造领域为5819.3亿元,增幅为38.7%(图1-4)。

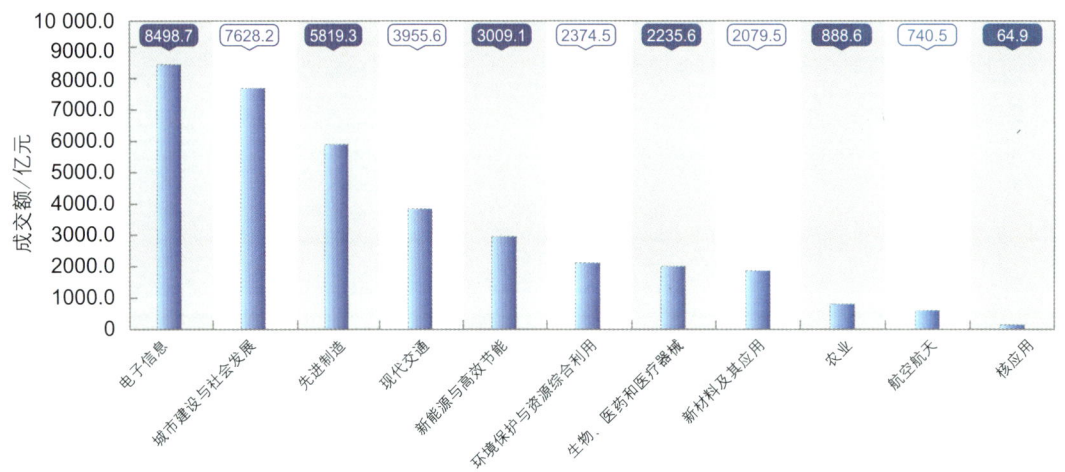

图 1-4 2021 年技术交易领域构成情况[①]

4. 技术交易主体结构稳定，产学研融合加速创新

企业技术输出和技术吸纳持续走强。随着我国科技成果转移转化的制度不断完善，营商环境持续优化，企业主体的技术市场活力得到持续释放，占据技术要素市场主体地位，有力支撑我国经济高质量发展。从参与技术交易的企业数量和输出的技术合同成交额来看，2021 年技术市场中新增企业数量约为 2017 年的 2.12 倍，完成的技术合同成交额是 2017 年的 2.07 倍。2021 年，企业贡献了全国 92.6% 的技术输出，成交额为 34 550.6 亿元，同比增长 33.8%。大企业之间技术的研发合作最为突出，从技术需求看，有 25.1 万家企业购买新技术、新产品、新服务，较上年新增 7 万多家，吸纳技术合同成交额占全国的比重达到 81.5%，显示出新发展格局和竞争压力下企业自身发展需求增长（表 1-2）。

表 1-2 2017—2021 年企业交易参与情况

年度	机构数 / 家		成交额 / 亿元	
	数量	同比增长	金额	同比增长
2017	35 543	5972	11 875.3	1993.9
2018	41 658	6115	15 978.0	4102.7

---

① 本书因小数取舍而产生的误差均未作配平处理。

第一部分 技术交易总体概述

续表

年度	机构数/家		成交额/亿元	
	数量	同比增长	金额	同比增长
2019	48 024	6366	20 494.0	4516.0
2020	60 130	12 106	25 828.8	5334.8
2021	75 304	15 174	34 550.6	8721.8

高等院校和科研院所技术供给市场契合度增强。2021年，高等院校和科研院所依托知识和人才优势，从事探索性、创造性科学研究活动增强。高等院校全年输出技术合同成交额为 **790.4亿元**，同比增长 **33.3%**；科研院所输出技术合同成交额为 **1218.2亿元**，同比增长 **48.5%**，二者占比与上年基本持平。高等院校与科研院所的服务对象80%以上为企业，全年共服务企业8.9万家（图1-5）。

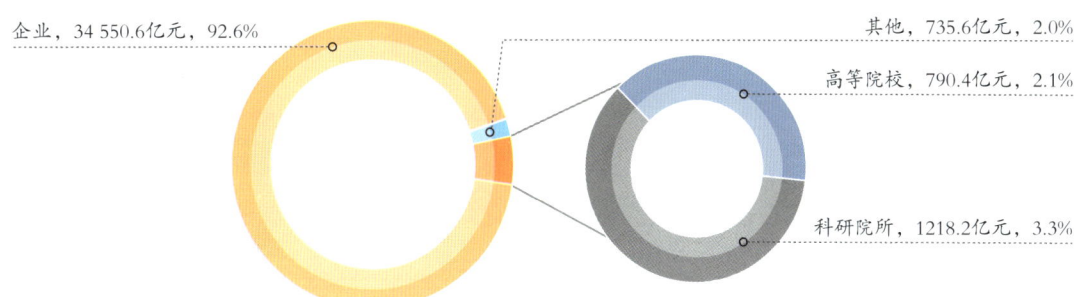

图1-5 2021年技术交易主体构成情况

二、特点分析

1. 企业交易活力涌现，大中小企业融通加速

技术要素市场化配置改革加速各类创新要素向企业集聚，企业开展研发活动和成果转化的内生动力持续增强，技术创新的动力与活力持续增强，技术交易总量长期保持在较高水平。

从技术交易参与度来看，2021年新增企业性质卖方主体15 174家，企业性质卖方主体总数达到75 304家，占各类卖方主体总数的92.0%；新增企业性质买方主体47 234家，企业性质买方主体总数达到222 834家，占各类买方主体总数的77.5%。从交易规模来看，2021年企业输出技术合同成交额达到34 550.6亿元，占全国技术合同成交总额的92.6%，同比增长33.8%；企业吸纳技术合同成交额达到 30 377.6 亿元，占全国的 81.5%，同比增长 33.4%。从主体类型来看，内资企业输出的技术合同成交额占全国的 82.0%，成为拉动经济增长的强大动力。从技术领域来看，电子信息技术领域尤其活跃，完成的技术合同成交额占全国的 22.8%。数据表明，以企业为主体的技术创新体系逐步健全，合作共赢、融通发展为企业持续保持市场活力提供了不竭动力。

2021 年，企业与企业之间签订技术合同 185 451 项，实现技术合同成交额 18 610.4 亿元。其中，大中小企业技术交易更加紧密，一方面，大企业向中小微企业输出的技术合同成交额为 3396.1 亿元，占企业输出技术合同成交额的 10.7%。大企业带动上下游中小企业技术实现创新，尤其是在城市建设和现代交通技术领域更为活跃。另一方面，中小企业围绕产业链、技术链将创新成果输出到大企业，与大企业签订技术合同，实现技术合同成交额为 2827.5 亿元，占企业技术合同成交额的 8.2%，主要集中在电子信息领域。总体来看，大企业发挥科技创新引领支撑作用显著，带动中小微企业创新发展，中小企业为大企业注入创新活力的互补性发展格局已经形成，向上动能集聚，推动创新链、产业链、资金链、人才链融合。

2. 技术市场有效支撑高新技术产业发展，"新经济"元素凸显

技术市场有效支撑高新技术产业化。技术要素集聚各类主体和创新资源，其为技术要素流通配置、转移转化和技术交易提供了重要平台，在当前我国高质量发展的关键时期，统筹疫情防控与经济社会发展，对加速科技成果转化、产业转型升级具有突出作用，主要表现在：各类市场主体表现优异，全国技术市场新增各类技术交易卖方主体 16 023 家，新增技术合同成交额 9042.8 亿元；数字化支撑领域技术交易活跃，新增集成电路、光传输、计算机网络、计算机软硬件等技术合同 24 527 项，新增技术合同成交额 1753.9 亿元，成交额同比增幅高达 45.6%；数字音视频技术支撑电子商务等新商业模式迅速崛起，技术合同成交额同比增长 53.4%；技术要素价格持续增长，其中，生物医药新品种权转让合同成交额长期保持高位，平均成交额达到 2599.8 万元，是全国水平的近 5 倍；技术秘密转让合同、专利实施许可转让合同和专利权申请转让合同平均成交额也位居高点，分别为 1509.2 万元、1170.4 万元和 1147.3 万元，其中专利权转让合同平均成交额增幅达到 302.8%。关键核心技术成功交易并实现增值，充分体现了技术要素的市场化定价机制，为各类主体进入技术市场提振了信心。

技术市场支撑各类新产业和新业态蓬勃发展。我国经济发展处在转变发展方式、优化经济结构、转换增长动力的攻关期，大力培育新经济，发展新产业、新业态、新产品，是实现新旧动能转换的必要条件，也是科技创新与产业变革的内在规律。2021 年，企业输出的技术合同成交额中与"三新经济"相关的部分占比超九成，在一定程度上说明企业科技创新活动服务新经济、新产业的导向日渐清晰，不断为经济高质量发展打造新引擎。随着新技术、新成果不断落地，走向成熟，加强对

第一部分 技术交易总体概述

核心技术的知识产权保护已成为推动科技创新的重中之重。2021年，约95%的知识产权、专利和计算机软件交易由企业主导，反映了企业基本实现了知识产权要素与科技创新和实际产品的内在统一，这既是企业主体知识产权管理水平的体现，同时也是企业长久保持科技创新活力的制度保障，更是我国创新驱动高质量发展的重要基础。

3. "硬科技"成果加速转化，"数字化"技术交易推动塑造新业态

瞄准国家重大战略部署和国际科技前沿，一批"硬科技"成果加速转化和应用，关键核心技术领域市场需求旺盛、流动性增强。技术市场瞄准国家重大战略性新赛道部署和全球重要产业链与价值链导向，加速"数字化"关键核心技术成果的转化和应用，对经济社会数字化转型升级、产业链和供应链安全自主可控的先导保障作用初步显现。2021年，大数据、人工智能和网络安全等数字技术相关领域的交易合同增速加大，完成技术合同18 216项，成交额为786.3亿元，同比分别增长33.0%和63.0%，均领先于全国平均水平。其中，北京、广东、上海、陕西和江苏是人工智能、大数据和网络安全等数字技术合同成交的"主阵地"，实现技术合同成交额569.7亿元，占全国数字技术合同成交额的72.5%。数字技术与其他技术领域加速"融合"，全力打造经济社会发展的"新业态""新模式"，人工智能、大数据、网络安全技术与电子信息、城市建设与社会发展、先进制造、航空航天等技术领域加速融合，实现技术合同成交额分别为676.7亿元、81.5亿元和28.0亿元，同比分别增长55.6%、186.0%和47.6%。

4. "低碳化"技术交易增速迅猛，推动社会持续发展

随着新一轮科技革命和产业变革加速演进，战略性新赛道将成为经济增长的核心动力，"低碳化"是战略性新赛道的典型特征。聚力"双碳"目标，固碳、控碳、减碳、低碳等相关核心技术领域的合同规模增速加大，2021年，完成技术合同4366项，成交额为449.2亿元，同比分别增长44.1%和25.7%，其中，北京、天津、广东、江苏、湖北和四川是"低碳化"技术合同成交的"主阵地"，实现技术合同成交额337.2亿元，占全国数字技术合同成交额的75.1%。技术市场充分发挥聚集碳中和技术创新要素的平台作用，推动区域产业低碳转型升级，实现经济社会高质量可持续发展。"低碳化"覆盖的技术领域范围不断扩大，其中，"低碳化"技术合同不但分布在新能源与高效节能领域，完成技术合同成交额181.2亿元，而且与现代交通、城市建设与社会发展和先进制造技术领域相互融合推动经济社会持续发展，分别完成技术合同成交额103.6亿元、70.5亿元和46.0亿元。

5. 高校院所技术产出持续走强，成果转化能力进一步提升

扩大职务科技成果自主权，促进科技成果转移转化成效显著。2021年，高校和科研院所贯彻落实《关于扩大高校和科研院所科研相关自主权的若干意见》，技术供给能力和转化效率持续走高，技术交易实现数量和质量同步提升。高校全年输出的技术合同达 127 252 项，成交额为 790.4 亿元，同比分别增长 40.1% 和 40.9%。通过技术研发和技术服务实现科研能力的转移转化仍是高校成果转化最突出的特点，技术研发和技术服务合同成交额分别为 449.3 亿元和 198.6 亿元，占比分别为 56.8% 和 25.1%。高校服务新经济、新产业的研发导向更加明确，技术交易主要集中在高技术领域，成交额为 566.5 亿元，占高校技术合同成交额的 71.7%。专利成果的转让和实施许可虽然体量不大，但技术交易呈上升趋势。总体来看，高校科技创新与产业发展契合度增强，以服务经济社会发展为导向的研发和转化能力进一步提升。

科研院所专业化服务能力和核心技术竞争力优势突出，全年签订技术合同 77 485 项，成交额为 1218.2 亿元，合同项数同比增长 45.9%，成交额同比增长 9.6%，略低于技术成交总额年增长率，提供的技术服务和技术开发分别为 517.0 亿元和 553.1 亿元，占比分别为 42.4% 和 45.4%，与高校基本持平。

6. 科技创新创业生态初步形成，产学研合作平台高速发展

企业是技术创新的主体，孵化器、技术转移机构是科技成果转化的载体和平台，截至 2021 年年末，正在运行的国家重点实验室有 533 个，纳入新序列管理的国家工程研究中心有 191 个，国家企业技术中心有 1636 家。国家科技成果转化引导基金累计设立 36 支子基金，资金总规模达 624 亿元。国家级科技企业孵化器 1287 家，国家备案众创空间 2251 家，目前已形成大量专注于互联网、云计算、生物医药、机器人与智能制造、新材料、现代农业、航空航天、文化创意等战略性新兴产业的孵化器，带动行业龙头企业不断催生新产品、新产业、新服务、新业态，成为区域经济高质量发展的助推器。此外，企业与高校院所不断加强创新联系和合作，高校院所 R&D 经费支出中来自企业的部分逐年上升，产学研合作创新战略联盟 100 余家、产学研合作创新示范基地 200 余个、产学研合作创新示范企业试点 300 余家，取得产学研合作创新成果 3000 余项，其成为推动科技创新和经济高质量发展的重要引擎。

7. 技术要素跨区域流动，一体化协同潜能释放

2021 年，京津冀、长三角、粤港澳大湾区三大区域技术交易活力竞相迸发，为全国贡献了六成以上的技术交易。

第一部分 技术交易总体概述

京津冀地区技术输出稳步增长。北京的输出技术合同成交额为 7005.7 亿元，居全国之首。在北京的辐射带动下，京津冀地区输出技术合同成交额为 9009.8 亿元，同比增长 13.2%，占全国的 24.2%。其中，北京约七成的技术辐射到京外，带动了电子信息、城市建设、现代交通等领域科技成果的落地转化。河北将"京津研发、河北转化"作为创新发展优势，借力雄安新区建设和科技冬奥，从京津吸纳技术合同成交额 284.9 亿元，同比增长 36.2%。

长三角地区技术交易势头迅猛。长三角一体化战略驱动四省市深度合作与成果转化持续升温，巨大的市场潜能持续释放，输出与吸纳技术合同成交额总和分别为 8795.1 亿元和 8251.7 亿元，同比分别增长 53.4% 和 45.1%，分别占全国的 25.6% 和 22.1%。三省一市创新产出与创新需求表现突出，输出与吸纳技术合同成交额均跃进全国前十。江苏保持长三角地区技术交易双向第一。

粤港澳大湾区技术承接特色明显。大湾区 9 个市和 2 个地区技术吸纳明显高于技术输出，输出与吸纳技术合同成交额分别为 4123.3 亿元和 5460.5 亿元，同比分别增长 25.8% 和 24.1%，分别占全国的 11.1% 和 14.7%。深圳、广州强力引领大湾区发展，引进技术的二次开发和集成创新成为特色，吸纳技术合同成交额占大湾区的比例超过 70%。香港、澳门吸纳内地技术合同成交额达 283.2 亿元，同比增长 18.9%。

第二部分　技术合同构成

一、合同类别构成

技术开发、技术转让、技术咨询、技术服务合同成交额均有不同程度增长。其中，技术转让增速最快，转让合同成交额较上年增长35.4%，技术服务较上年增长34.9%，两者的成交额占全国技术合同成交总额的比例分别为8.7%和57.4%（图2-1、附表2）。

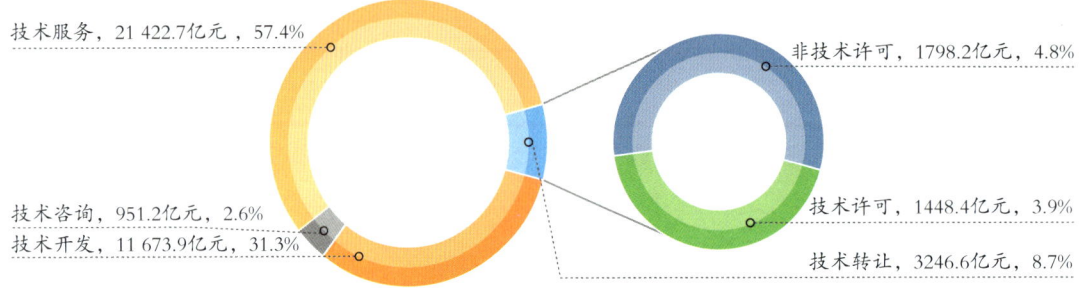

图2-1　2021年技术合同类别构成

1. 技术开发合同

技术开发合同占比与上年基本持平。全年技术开发合同项数为256 356项，同比增加38 776项；成交额为11 673.9亿元，同比增长31.6%，占全国技术合同成交总额的31.3%。其中，委托开发合同成交额占技术开发合同成交额的85.3%，合作开发合同成交额占技术开发合同成交额的14.7%（图2-2）。

图2-2　2021年技术开发合同类别构成

2. 技术转让合同

技术转让合同成交额在全国技术合同中的占比上升，全年技术转让合同项数为34 317项，成交额为3246.6亿元，同比增长35.4%，占全国技术合同成交总额的8.7%。其中，技术秘密转让合同成交额为1438.7亿元，同比增长69.3%，占技术转让合同成交额的44.3%；专利实施许可转让合同成交额为958.4亿元，同比增长17.5%，占技术转让合同成交额的29.5%。全年技术转让合同中可认定为技术许可合同的项数为5644项，成交额为1448.4亿元，占全国技术合同成交总额的3.9%（图2-3、附表2、附表10）。

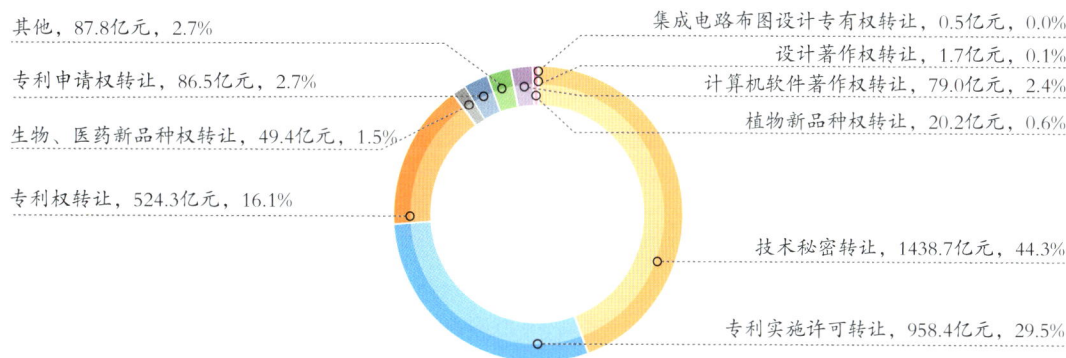

图2-3　2021年技术转让合同类别构成

3. 技术咨询合同

技术咨询合同成交额较2020年出现下降，全年共成交技术咨询合同44 650项，成交额为951.2亿元，同比下降13.9%（图2-1、附表2、附表10）。

4. 技术服务合同

技术服务合同总量保持高速增长。技术服务合同成交项数和成交额继续稳居四类合同首位，全年完成合同项数为335 183项，同比增加62 804项；成交额为21 422.7亿元，同比增长34.9%，占全国技术合同成交总额的57.4%（图2-1、附表2、附表10）。

二、知识产权构成

涉及知识产权的技术合同成交额占全国技术合同成交总额的比重近四成。全国涉及知识产权的技术合同 218 786 项，成交额为 14 282.6 亿元，占全国技术合同成交总额的 38.3%。其中，技术秘密合同 102 099 项，成交额为 6339.1 亿元，占全国技术合同成交总额的 17.0%。专利技术合同 43 926 项，成交额为 5440.3 亿元，同比增长 43.5%；其中，发明专利 27 988 项，成交额为 3061.9 亿元，同比增长 31.6%。计算机软件著作权合同 61 594 项，成交额为 1952.3 亿元，同比增长 31.7%，占全国技术合同成交总额的 5.2%（图 2–4、附表 7）。

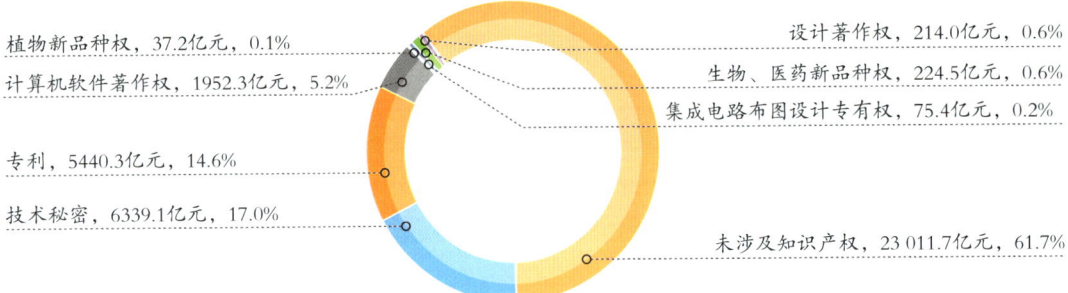

图 2–4　2021 年全国技术合同知识产权类别构成

三、技术领域构成

电子信息领域技术交易总量持续占据首位。电子信息领域技术合同项数和成交额分别为 227 044 项和 8498.7 亿元，成交额占全国技术合同成交总额的 22.8%；新材料及其应用领域技术合同成交额增长最快，成交额为 2079.5 亿元，同比增长 70.4%；航空航天领域技术合同成交额增幅为 61.5%；先进制造领域、城市建设与社会发展领域和电子信息领域技术合同成交额增幅超过 30.0%；生物、医药和医疗器械领域、环境保护与资源综合利用领域和现代交通领域技术合同成交额增幅超过 20.0%；核应用领域技术合同成交额有所下降（图 2–5、附表 3）。

四、社会—经济目标构成

社会发展和社会服务仍是技术交易的主要目标领域。促进社会发展和完善社会服务的技术合同有 201 848 项，成交额为 8773.9 亿元，同比增长 28.3%，占全国技术合同成交总额的 23.5%；服务于工商业发展的技术合同成交额居第 2 位，为 6227.5 亿元，同比增长 47.4%，占全国技术合同成交总额的 16.7%；服务于其他民用目标的技术合同成交额居第 3 位，为 6083.6 亿元，同比增长 39.3%，占全国技术合同成交总额的 16.3%；服务于国防和环境保护、生态建设及污染防治的技术合同成交额发展势头迅猛，同比分别增长 58.4% 和 41.0%（图 2–6、附表 11）。

第二部分 技术合同构成

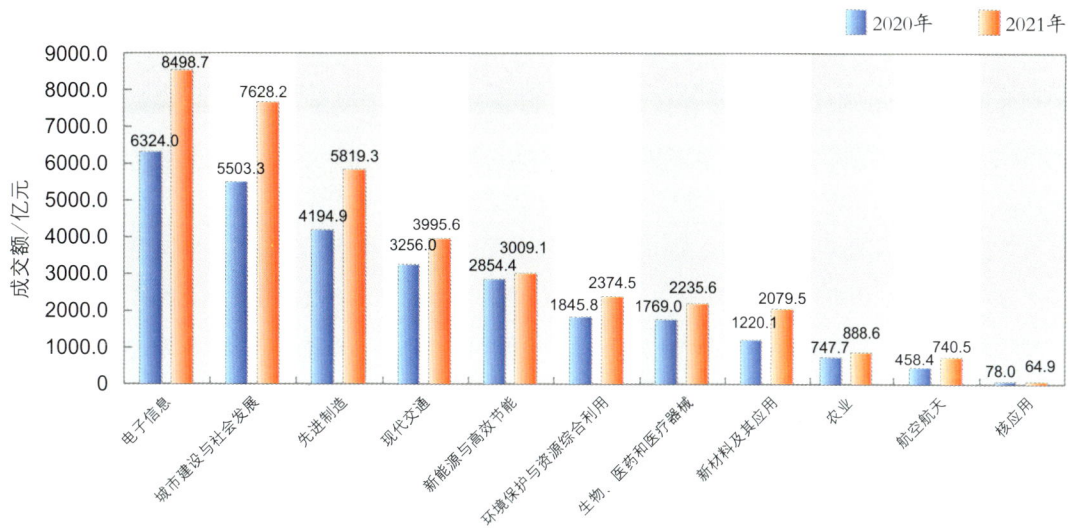

图 2-5　2020—2021 年全国技术交易领域构成

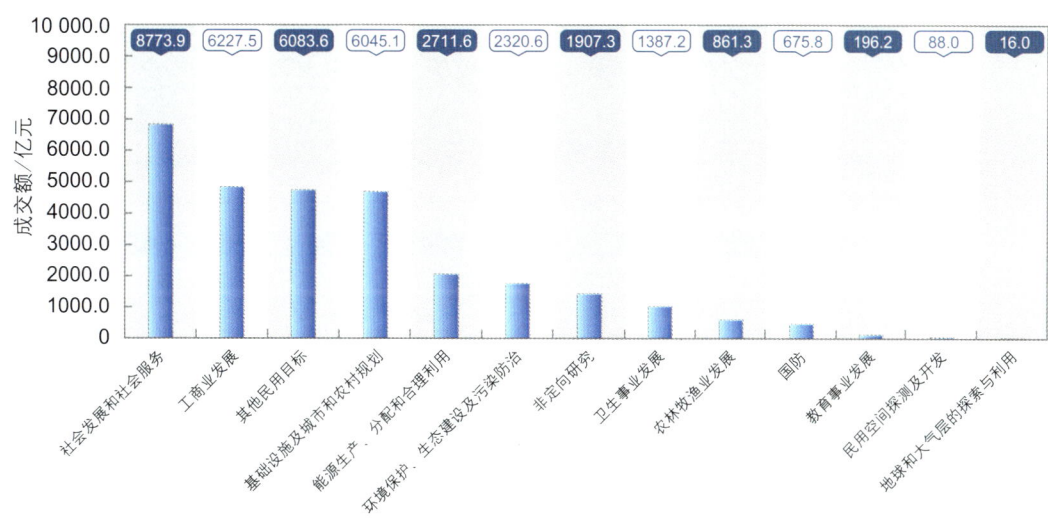

图 2-6　2021 年全国技术交易社会—经济目标构成

五、科技计划项目构成

各类科技计划项目成交总量保持增长。各类科技计划项目技术合同84 679项，成交额为5660.1亿元，同比增长26.3%，占全国技术合同成交总额的15.2%。其中，地市县计划项目成交额居首位，为2433.9亿元，占各类科技计划项目成交额总量的43.0%；省（自治区、直辖市）及计划单列市计划项目成交额居第2位，为2331.8亿元，同比增长21.3%；国家科技计划项目成交额为384.0亿元。国家科技计划项目中，国家科技重大专项、国家科技支撑计划和国家重点新产品计划成交额居前列，分别为74.8亿元、14.9亿元和9.8亿元。部门计划项目成交额为480.2亿元，同比增长36.7%（图2-7、图2-8、附表12）。

图2-7　2021年全国技术交易项目计划类别构成

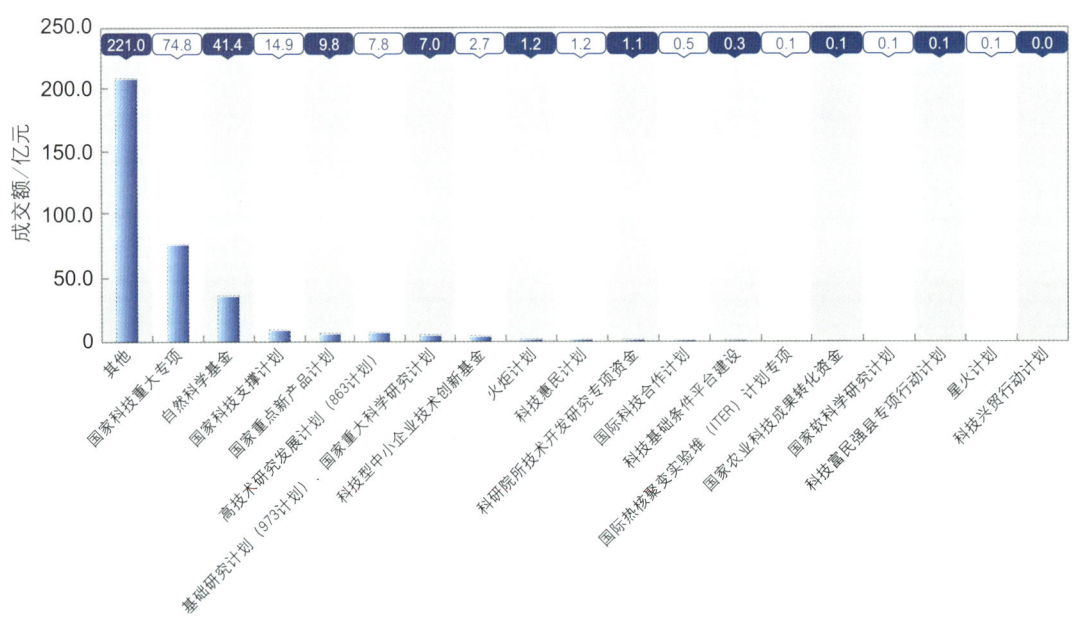

图2-8　2021年国家科技计划各类技术项目成交额情况

六、重大技术合同构成

重大技术合同成交额占比近八成。1000万元以上的重大技术合同有33 195项，同比增长21.6%，成交额为29 728.3亿元，同比增长29.0%，占全国技术合同成交总额的79.7%。平均每项重大技术合同成交额为8955.7万元，远远高于556.2万元的全国平均水平。

技术服务合同成为各类重大技术合同的主要交易类型。重大技术服务合同成交额为18 034.9亿元，占重大技术合同成交额的60.7%，略高于上年；平均每份重大技术服务合同成交额为10 608.1万元，是全国平均每项技术合同成交额的19.1倍（图2-9、附表4）。

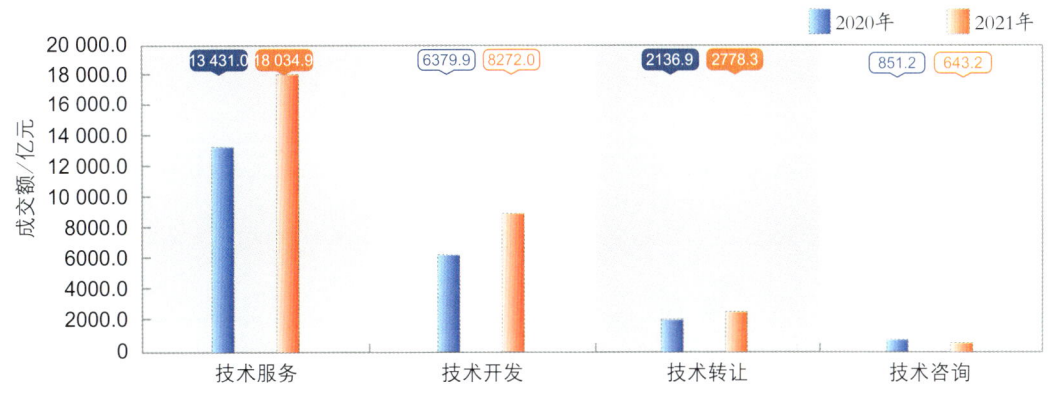

图2-9　2020—2021年重大技术合同类型对比

城市建设与社会发展重大技术合同成交额居首位。城市建设与社会发展领域重大技术合同有5055项，成交额为6872.7亿元，占全国重大技术合同成交额的23.1%；电子信息领域重大技术合同有7426项，成交额为6229.7亿元，居第2位，占全国重大技术合同成交额的21.0%；先进制造领域重大技术合同有6801项，成交额为4141.1亿元，居第3位，占全国重大技术合同成交额的13.9%（附表4）。

技术秘密成为重大技术合同的主要知识产权类型。重大技术合同中涉及技术秘密的技术合同有5250项，成交额为5107.0亿元，占全国重大技术合同成交额的17.2%；涉及专利的重大技术合同有4502项，成交额为4856.5亿元，居第2位；涉及计算机软件著作权的重大技术合同有2077项，成交额为1312.7亿元，居第3位（附表4）。

七、技术交易主体构成

企业法人技术输出与吸纳均居首位。企业技术交易主体地位稳固，输出与吸纳技术总量均实现持续增长，成交额分别增长33.8%和33.4%；以高等院校和科研机构为主的事业法人技术输出合同成交额为2265.2亿元，高于吸纳技术合同成交额1747.2亿元；机关法人购买服务力度加大，吸纳技术合同成交额为4476.4亿元，同比增长25.9%；自然人首次技术输出额高于技术吸纳额，社团法人和其他组织技术需求高于技术输出（图2-10、附表9、附表13、附表14）。

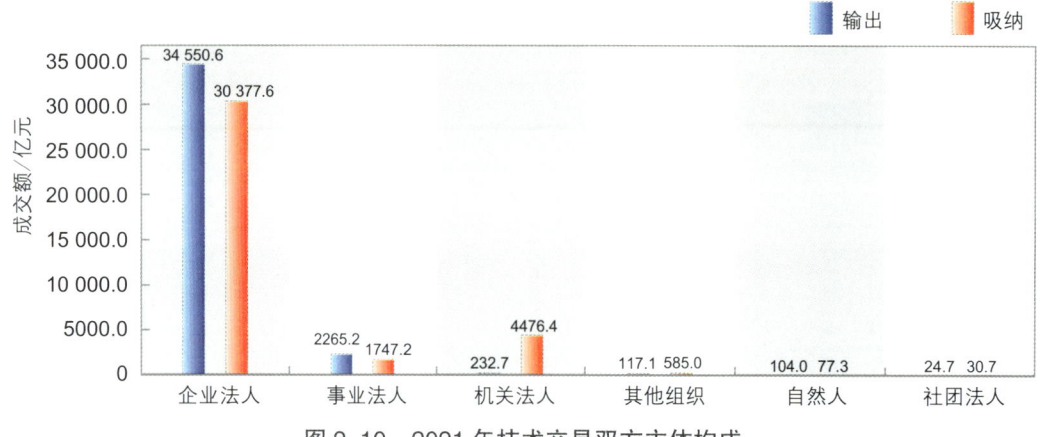

图2-10　2021年技术交易双方主体构成

1. 技术输出方

企业法人输出技术合同成交额居各类主体榜首，且技术合同成交额较上年增幅达到33.8%；自然人输出技术合同成交额增幅居各类主体首位，增幅达到83.0%（图2-11、附表9）。

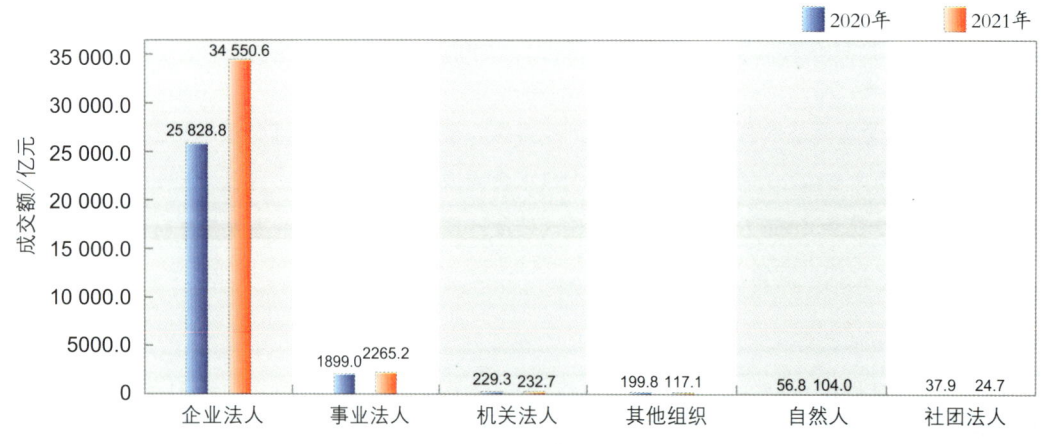

图2-11　2020—2021年技术输出方构成

第二部分 技术合同构成

（1）企业法人输出

企业法人输出技术合同成交额在全国技术合同成交总额中的占比超九成。输出技术合同437 896项，同比增长13.6%，成交额为34 550.6亿元，同比增长33.8%，占全国技术合同成交总额的92.6%。其中，内资企业技术合同成交额占比最高，输出技术合同413 859项，成交额为30 580.4亿元，占企业法人技术合同成交额的88.5%；外商投资企业输出技术合同11 231项，成交额为1759.5亿元，同比增长1.7%；境外企业输出技术合同3391项，成交额为1162.6亿元。境外企业、外商投资企业平均每份输出技术合同成交额分别为3428.5万元和1566.6万元，远高于内资企业738.9万元的平均输出技术合同成交额（图2-12、附表9）。

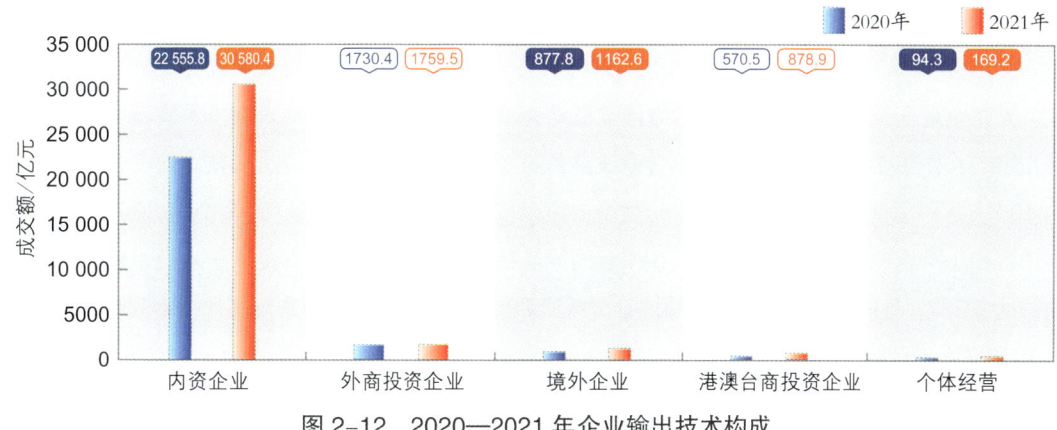

图2-12 2020—2021年企业输出技术构成

企业法人与企业法人之间的技术输出活跃。企业法人技术合同输出对象主要为企业法人、机关法人和事业法人。输出到企业法人的技术合同有343 114项，成交额为28 695.4亿元，占企业法人技术输出合同成交额的83.1%；输出到机关法人的技术合同有45 889项，成交额为3937.0亿元，占企业法人技术输出合同成交额的11.4%；输出到事业法人的技术合同有40 977项，成交额为1333.4亿元，占企业法人技术输出合同成交额的3.9%（图2-13、附表13）。

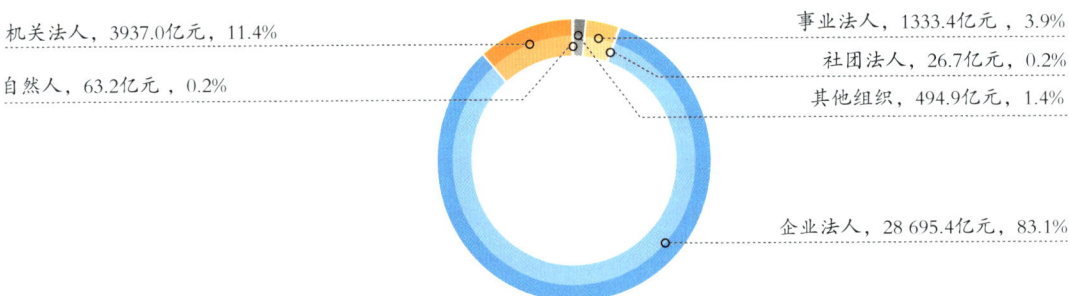

图 2-13　2021 年企业输出技术流向

大型企业向大型和中小型企业输出的技术合同成交额占比近三成。大型企业共向大型和中小型企业输出技术 32 660 项，成交额为 10 348.0 亿元，占企业法人技术输出合同成交额的 30.0%。其中，大型企业向大型企业输出的技术合同成交额为 6651.9 亿元，占企业法人技术输出合同成交额的 19.3%；向中小型企业输出的技术合同成交额为 3696.1 亿元，占企业法人技术输出合同成交额的 10.7%。中小型企业共向大型和中小型企业输出技术合同 152 791 项，成交额为 8262.4 亿元。其中，中小型企业向大型企业输出的技术合同成交额为 2827.5 亿元，占企业法人技术输出合同成交额的 8.2%；向中小型企业输出的技术合同成交额为 5434.9 亿元，占企业法人技术输出合同成交额的 15.7%（图 2-14）。

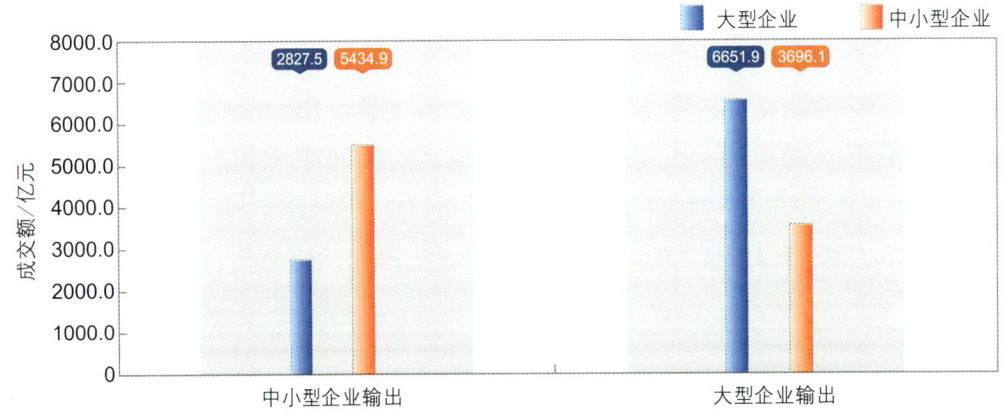

图 2-14　2021 年大型企业和中小型企业之间输出技术情况

第二部分　技术合同构成

（2）事业法人输出

事业法人输出技术合同总量明显增加。输出技术合同达 224 866 项，成交额为 2265.2 亿元，同比增长 19.3%。其中，科研机构输出技术合同 77 485 项，成交额为 1218.2 亿元，增幅为 9.6%；高等院校输出技术合同 127 252 项，成交额为 790.4 亿元，增幅达到 40.9%；医疗、卫生机构输出技术合同 6917 项，成交额为 41.9 亿元，比上年有所下降（图 2-15、附表 9）。

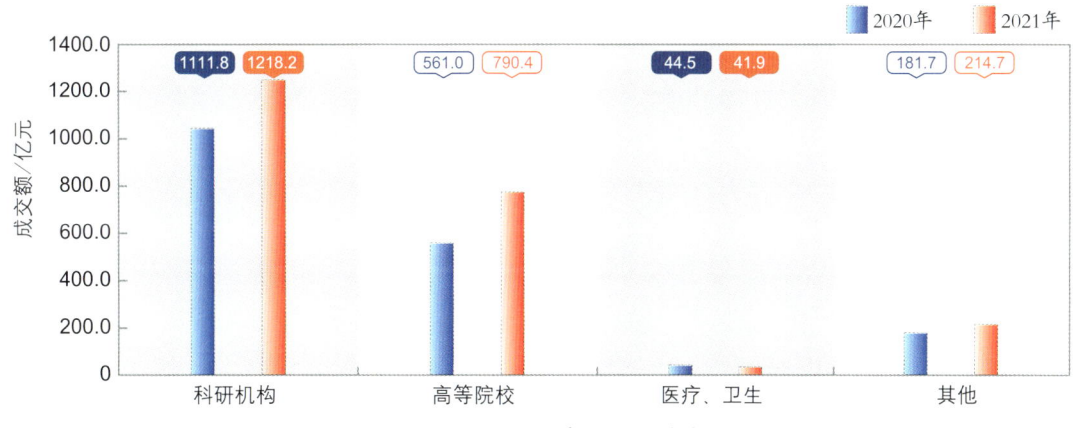

图 2-15　2020—2021 年事业法人输出技术构成

高等院校超七成技术流向企业。高等院校输出到企业法人的技术合同为 89 588 项，成交额为 570.4 亿元，占高等院校输出技术合同成交额的 72.2%；输出到事业法人的技术合同为 24 177 项，成交额为 104.0 亿元，占高等院校输出技术合同成交额的 13.2%，居第 2 位；输出到机关法人的技术合同为 10 981 项，成交额为 103.8 亿元，占高等院校输出技术合同成交额的 13.1%，居第 3 位（图 2-16）。

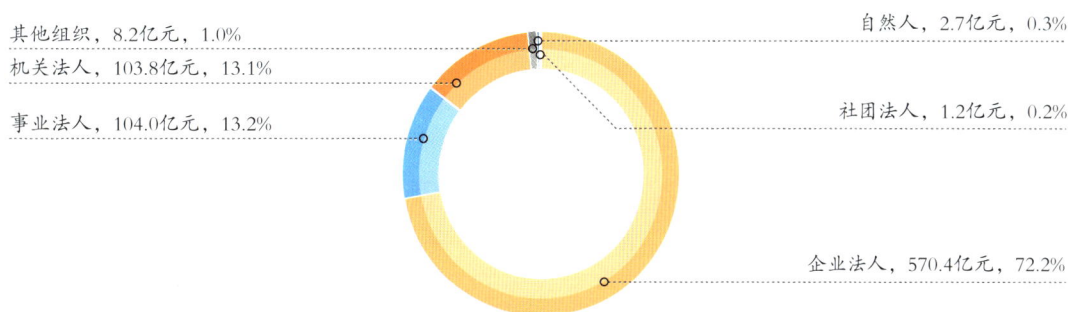

图 2-16　2021 年高等院校输出技术流向

科研机构流向企业的技术超过五成。科研机构输出到企业法人的技术合同为 47 876 项，成交额为 656.7 亿元，占科研机构输出技术合同成交额的 53.9%；输出到事业法人的技术合同为 17 876 项，成交额为 285.2 亿元，占科研机构输出技术合同成交额的 23.4%，居第 2 位；输出到机关法人的技术合同为 9539 项，成交额为 207.2 亿元，占科研机构输出技术合同成交额的 17.0%，居第 3 位（图 2-17）。

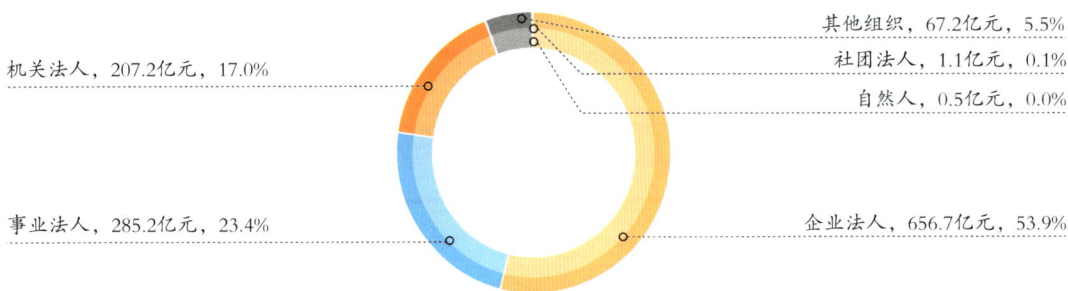

图 2-17　2021 年科研机构输出技术流向

2. 技术吸纳方

企业法人技术需求持续快速增长，机关法人、事业法人和其他组织吸纳技术合同成交额均有不同程度地增长，社团法人吸纳技术合同成交额有所下降（图 2-18，附表 14）。

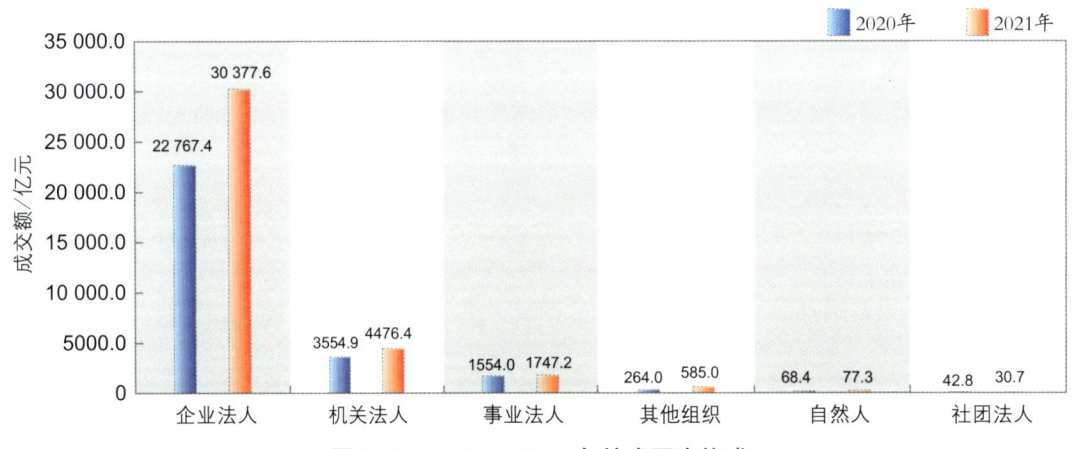

图 2-18　2020—2021 年技术买方构成

第二部分 技术合同构成

（1）企业法人吸纳

企业法人是技术吸纳的主体。吸纳技术合同 498 110 项，成交额为 30 377.6 亿元，同比增长 33.4%，占全国技术合同成交总额的 81.5%。其中，内资企业吸纳技术合同成交额占据主导地位，吸纳技术合同 448 854 项，成交额为 24 393.1 亿元，占企业法人吸纳技术合同成交额的 80.3%；境外企业吸纳技术合同成交额为 3406.4 亿元，居第 2 位，同比增长 16.0%；个体经营企业吸纳技术合同成交额增幅居首位，同比增长 71.1%；港澳台商投资企业吸纳技术合同成交额为 975.6 亿元，同比增长 51.0%，增幅位于第 2 位，外商投资企业吸纳技术合同成交额为 1357.1 亿元，同比略有下降（图 2-19、附表 14）。

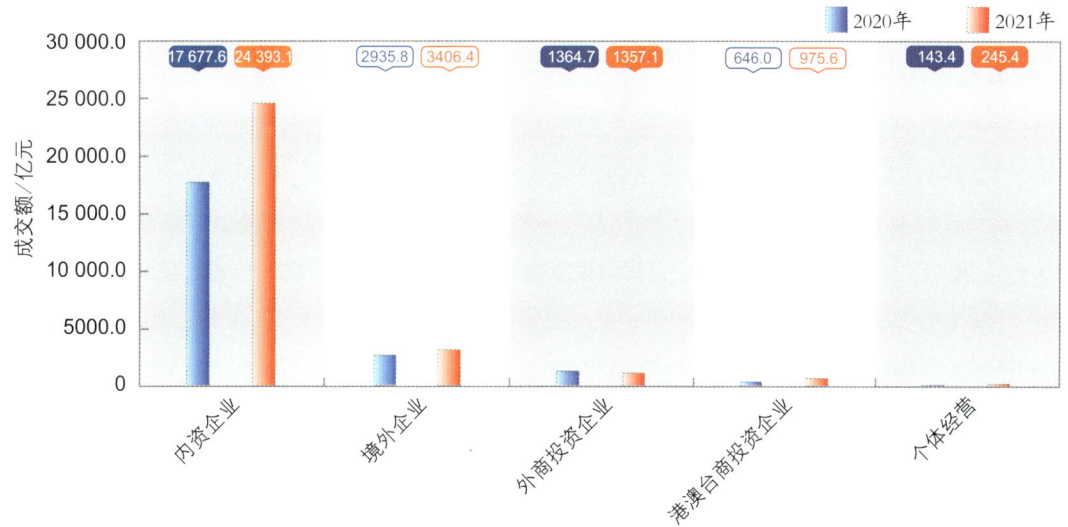

图 2-19　2020—2021 年企业吸纳技术构成

企业法人之间的技术吸纳成交额占比超九成。企业法人吸纳企业法人的技术合同 343 114 项，成交额为 28 695.4 亿元，占企业法人吸纳技术合同成交额的 94.5%；吸纳事业法人的技术合同 150 277 项，成交额为 1341.5 亿元，占企业法人吸纳技术合同成交额的 4.4%（图 2-20、附表 13）。

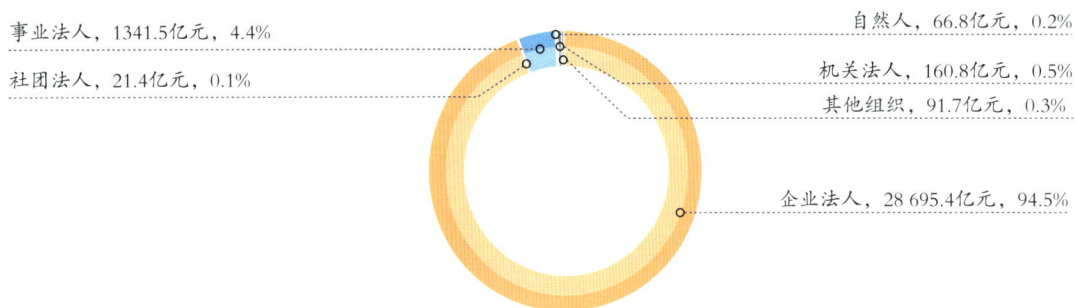

图 2-20　2021 年企业吸纳技术来源

大型企业技术吸纳表现突出。大型企业从大型和中小型企业共吸纳技术合同 57 923 项，成交额为 9479.4 亿元，占企业法人吸纳技术合同成交额的 31.2%。其中，大型企业吸纳大型企业的技术合同成交额为 6651.9 亿元，占企业法人吸纳技术合同成交额的 21.9%；吸纳中小型企业的技术合同成交额为 2827.5 亿元，占企业法人吸纳技术合同成交额的 9.3%。中小型企业从大型和中小型企业共吸纳技术合同 127 528 项，成交额为 9131.0 亿元，占企业法人吸纳技术合同成交额的 30.1%。其中，中小型企业自大型企业吸纳技术合同成交额为 3696.1 亿元，占企业法人吸纳技术合同成交额的 12.2%；中小型企业自中小型企业吸纳技术合同成交额为 5434.9 亿元，占企业法人吸纳技术合同成交额的 17.9%（图 2-21）。

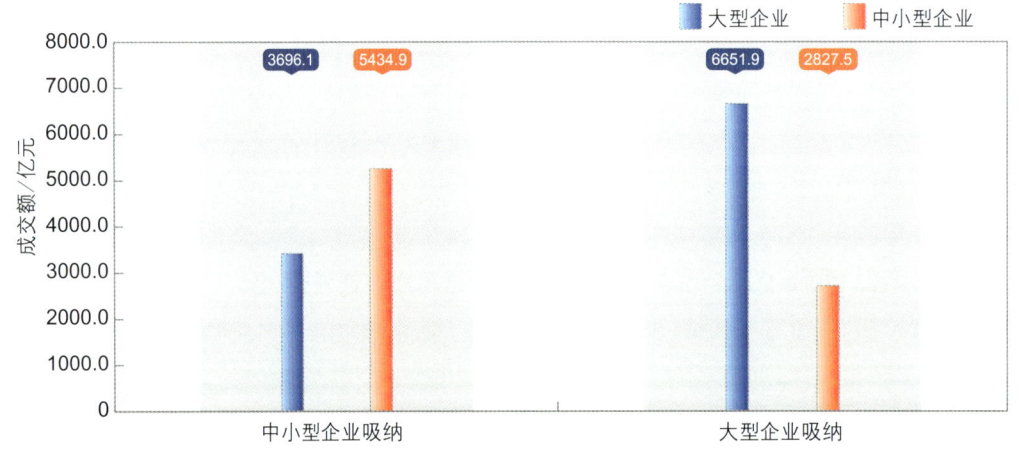

图 2-21　2021 年不同规模企业之间吸纳技术情况

（2）事业法人吸纳

事业法人吸纳技术总量稳步增长。吸纳技术合同 86 008 项，成交额为 1747.2 亿元。其中，科研机构吸纳技术合同 32 586 项，成交额为 507.0 亿元，较上年增长 23.2%，占事业法人吸纳技术合同成交额的 29.0%；高等院校吸纳技术合同成交额为 129.4 亿元，较上年下降 11.3%；医疗、卫生机构吸纳技术合同成交额增幅明显，吸纳技术 7570 项，成交额为 111.3 亿元，同比增长 61.7%（图 2-22、附表 14）。

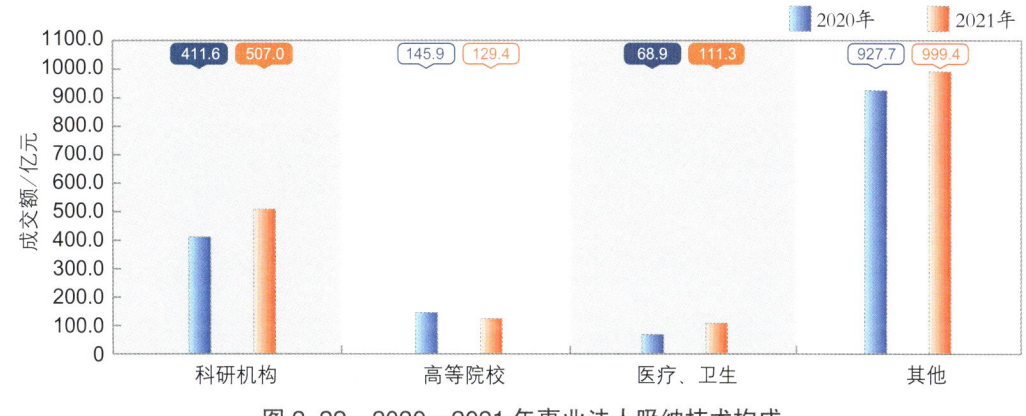

图 2-22　2020—2021 年事业法人吸纳技术构成

科研机构吸纳技术主要来源于企业法人和事业法人。其中，吸纳企业法人的技术合同 10 817 项，成交额为 274.9 亿元，居第 1 位，占科研机构吸纳技术合同成交额的 54.2%；吸纳事业法人的技术合同 21 705 项，成交额为 231.1 亿元，居第 2 位，占科研机构吸纳技术合同成交额的 45.6%（图 2-23）。

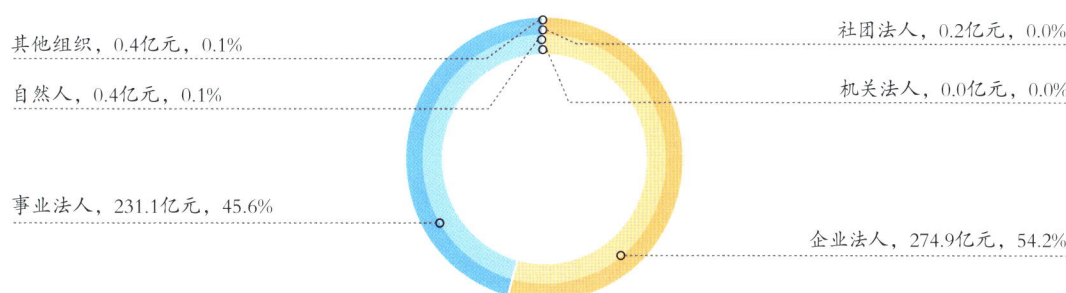

图 2-23　2021 年科研机构吸纳技术来源

高等院校吸纳技术主要来源于企业。其中，吸纳企业法人的技术合同 10 385 项，成交额为 100.2 亿元，居第 1 位，占高等院校吸纳技术合同成交额的 77.4%；吸纳事业法人的技术合同 7685 项，成交额为 28.2 亿元，占高等院校吸纳技术合同成交额的 21.8%（图 2-24）。

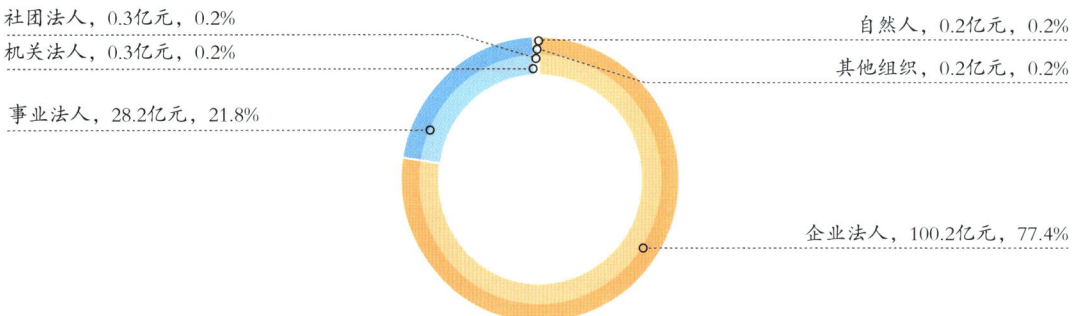

图 2-24　2021 年高等院校吸纳技术来源

（3）机关法人吸纳

机关法人吸纳企业技术超八成。其中，吸纳企业法人的技术合同 45 889 项，成交额为 3937.0 亿元，居第 1 位，占机关法人吸纳技术合同成交额的 88.0%；吸纳事业法人的技术合同 25 021 项，成交额为 430.8 亿元，居第 2 位，占机关法人吸纳技术合同成交额的 9.6%（图 2-25、附表 13）。

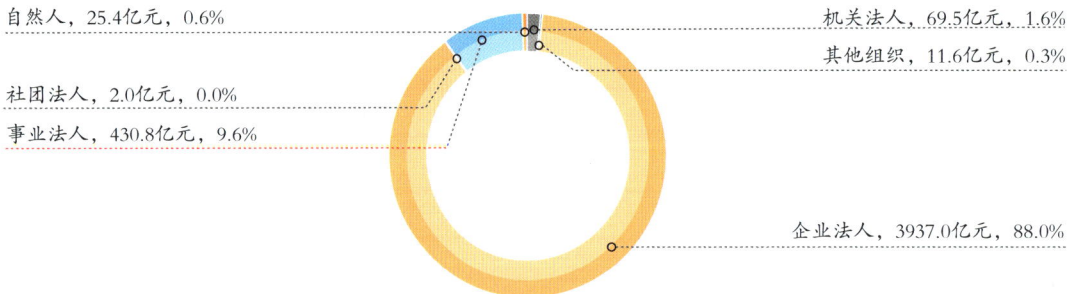

图 2-25　2021 年机关法人吸纳技术来源

3. 技术卖方机构

技术卖方机构数量逐年增加。2021 年，全国科技管理部门认定登记的技术合同中共有卖方机构 82 068 家，比上年增加 16 085 家，成交额 37 294.3 亿元，同比增长 32.0%。其中，企业法人性质卖方机构数量最多，共 75 504 家，占全部卖方机构数量的 92.0%，同比增长 25.3%，成交额为 34 550.6 亿元，占全部卖方机构总成交额的 92.6%，同比增长 33.8%。高等院校、科研机构卖方机构数量为 3234 家，同比增长 16.6%，成交额为 2008.6 亿元，同比增长 20.1%（表 2-1）。

第二部分　技术合同构成

表 2-1　2021 年各类技术交易卖方机构构成及交易情况

	卖方类别	机构数/家	合同数/项	成交额/亿元
机关法人	国家级行政机关	33	255	9.6
	省级行政机关	29	207	8.3
	市级行政机关	56	370	17.9
	县级及以下行政机关	224	974	196.9
	合计	342	1806	232.7
其他组织	单位分支机构	89	835	31.4
	其他国内组织	379	1014	33.7
	其他外国组织	70	128	52.0
	合计	538	1977	117.1
企业法人	港澳台商投资企业	893	4482	878.9
	个体经营	1676	4933	169.2
	境外企业	1316	3391	1162.6
	内资企业	70 018	413 859	30 580.4
	外商投资企业	1601	11 231	1759.5
	合计	75 504	437 896	34 550.6
社团法人	国家民政机关批准	6	8	0.0
	区县民政机关批准	117	410	16.5
	省市民政机关批准	138	762	8.2
	合计	261	1180	24.7
事业法人	高等院校	1108	127 252	790.4
	科研机构	2126	77 485	1218.2
	其他	856	13 212	214.7
	医疗、卫生	395	6917	41.9
	合计	4485	224 866	2265.2

续表

卖方类别		机构数/家	合同数/项	成交额/亿元
自然人	外国籍	9	17	0.2
	中国籍	929	2764	103.8
	合计	938	2781	104.0
总计		82 068	670 506	37 294.3

内资企业规模居全国首位。各类企业性质卖方机构中，内资企业数量最多，共 70 018 家，占企业法人机构总数的 92.7%；港澳台商投资企业和外商投资企业分别为 893 家和 1601 家，共占企业法人机构总数的 3.3%；境外企业 1316 家，占企业法人机构总数的 1.7%。中信建设有限责任公司、中国核电工程有限公司、中交路桥建设有限公司输出技术合同成交额居企业法人机构前三甲（表 2–2）。

表 2–2 2021 年企业输出技术合同成交额前 20 名

排名	卖方名称
1	中信建设有限责任公司
2	中国核电工程有限公司
3	中交路桥建设有限公司
4	中国建筑一局（集团）有限公司
5	华为技术有限公司
6	上海华为技术有限公司
7	中铁二局集团有限公司
8	中交一公局集团有限公司
9	中国建筑第八工程局有限公司
10	中国公路工程咨询集团有限公司
11	北京达佳互联信息技术有限公司
12	中国能源建设集团广东省电力设计研究院有限公司
13	上汽通用汽车有限公司

第二部分　技术合同构成

续表

排名	卖方名称
14	高通公司
15	中铁电气化局集团有限公司
16	中冶京诚工程技术有限公司
17	中钢设备有限公司
18	中国路桥工程有限责任公司
19	中国石化工程建设有限公司
20	中铁隧道局集团有限公司

科研机构数量明显增加。2021年，科研机构作为卖方参与技术交易的机构数量为2126家，较上年增加397家，成交额为1218.2亿元，同比增长9.6%。天津市市政工程设计研究院、中国电力工程顾问集团西北电力设计院有限公司、华陆工程科技有限责任公司输出技术合同成交额居科研机构前三甲（表2-3）。

表2-3　2021年科研机构输出技术合同成交额前20名

排名	卖方名称
1	天津市市政工程设计研究院
2	中国电力工程顾问集团西北电力设计院有限公司
3	华陆工程科技有限责任公司
4	中国船舶重工集团公司第七零一研究所
5	中铁第一勘察设计院集团有限公司
6	上海卫星工程研究所
7	中联西北工程设计研究院有限公司
8	中国科学院长春光学精密机械与物理研究所
9	中国核动力研究院
10	中国科学院空天信息创新研究院

续表

排名	卖方名称
11	材料科学姑苏实验室
12	中国环境科学研究院
13	西安热工研究院有限公司
14	北京空间飞行器总体设计部
15	中国电子科技集团第二十研究所
16	山东省水利勘测设计院
17	中国科学院金属研究所
18	中国科学院上海药物研究所
19	西北机电工程研究所
20	浙江大学嘉兴研究院

高等院校贡献重要力量。2021年，共有1108家高等院校参与技术交易，较上年增加63所，成交额为790.4亿元。其中，"双一流"高等院校技术交易成效显著，排名前20位的高等院校均为"双一流"高校，共签订技术合同30 045项，成交额为340.5亿元，占全国高等院校技术合同成交额的43.1%。浙江大学、华东理工大学、上海科技大学输出技术合同成交额居高等院校前三甲（表2-4）。

表2-4　2021年高等院校输出技术合同成交额前20名

排名	卖方名称
1	浙江大学
2	华东理工大学
3	上海科技大学
4	华中科技大学
5	西安交通大学
6	复旦大学
7	哈尔滨工业大学
8	武汉大学

续表

排名	卖方名称
9	上海交通大学
10	清华大学
11	天津大学
12	东南大学
13	东北大学
14	武汉理工大学
15	西安电子科技大学
16	四川大学
17	华南理工大学
18	中国药科大学
19	南京农业大学
20	中国地质大学（武汉）

4. 技术买方机构

技术买方机构数量远大于技术卖方机构。2021年，全国科技管理部门认定登记的技术合同中共有买方机构 237 424 家，是卖方机构的 2.9 倍。其中，企业法人性质的买方机构数量最多，共 179 878 家，占全部买方机构数量的 75.8%，成交额 30 377.6 亿元，占全部买方机构总成交额的 81.5%，同比增长 33.4%（表 2-5）。

表 2-5　2021 年各类技术交易买方机构构成及交易情况

买方类别		机构数/家	合同数/项	成交额/亿元
机关法人	国家级行政机关	1614	5480	253.6
	省级行政机关	2260	14 679	1222.1
	市级行政机关	7563	20 466	1039.1
	县级及以下行政机关	10 834	32 345	1961.6
	合计	22 271	72 970	4476.4

续表

买方类别		机构数/家	合同数/项	成交额/亿元
其他组织	单位分支机构	1197	2247	152.7
	其他国内组织	2164	4890	182.9
	其他外国组织	324	472	249.4
	合计	3685	7609	585.0
企业法人	港澳台商投资企业	2315	6734	975.6
	个体经营	7517	9241	245.4
	境外企业	7468	19 347	3406.4
	内资企业	158 432	448 854	24 393.1
	外商投资企业	4146	13 934	1357.1
	合计	179 878	498 110	30 377.6
社团法人	国家民政机关批准	203	317	2.7
	区县民政机关批准	514	854	17.6
	省市民政机关批准	564	749	10.5
	合计	1281	1920	30.7
事业法人	高等院校	4169	18 194	129.4
	科研机构	5314	32 586	507.0
	其他	13 721	27 658	999.4
	医疗、卫生	3751	7570	111.3
	合计	26 955	86 008	1747.2
自然人	外国籍	42	29	1.5
	中国籍	3312	3860	75.7
	合计	3354	3889	77.3
总计		237 424	670 506	37 294.3

技术买方机构中，内资企业规模居全国首位。各类企业性质买方机构中，内资企业数量最多，共 158 432 家，占企业法人机构总数的 88.1%；港澳台商投资企业和外商投资企业分别为 2315 家

第二部分 技术合同构成

和 4146 家，共占企业法人机构总数的 3.6%；境外企业 7468 家，占企业法人机构总数的 4.2%；个体经营 7517 家，占企业法人机构总数的 4.2%。华为技术有限公司、荣耀终端有限公司、华为终端有限公司吸纳技术合同成交额居企业法人机构前三甲（表 2–6）。

表 2–6　2021 年企业吸纳技术合同成交额前 20 名

排名	买方名称
1	华为技术有限公司
2	荣耀终端有限公司
3	华为终端有限公司
4	中核国电漳州能源有限公司
5	北京快手科技有限公司
6	通用汽车环球科技运作有限公司 / 通用汽车控股有限公司
7	广州地铁集团有限公司
8	昭通市都香高速公路投资开发有限公司
9	北京微梦创科网络技术有限公司
10	腾讯科技（深圳）有限公司
11	深圳市腾讯计算机系统有限公司
12	深圳市海思半导体有限公司
13	川藏铁路有限公司
14	临沂钢铁投资集团特钢有限公司
15	北京华为数字技术有限公司
16	云南楚大高速公路投资开发有限公司
17	上汽大众汽车有限公司
18	长安福特汽车有限公司
19	中广核工程有限公司
20	中国建设银行股份有限公司

科研机构吸纳技术合同成交额增加。2021年，科研机构作为买方参与技术交易的机构数量为5314家，与上年持平，成交额为507.0亿元，同比增加23.2%。上海航天技术研究院、北京机电工程总体设计部、上海综合交通与城建设计院吸纳技术合同成交额居科研机构前三甲（表2-7）。

表2-7 2021年科研机构吸纳技术合同成交额前20名

排名	买方名称
1	上海航天技术研究院
2	北京机电工程总体设计部
3	上海综合交通与城建设计院
4	中国电子科技集团公司第五十四研究所
5	中国空间技术研究院
6	西安空间无线电技术研究所
7	北京电子工程总体研究所
8	北京空间飞行器总体设计部
9	北京控制工程研究所
10	中国航天科工飞航技术研究院
11	武汉市武昌区城市基础设施建设事务中心
12	中国极地研究中心
13	中国电子科技集团公司第二十八研究所
14	山东航天电子技术研究所
15	科学技术部高技术研究发展中心
16	航天动力技术研究院
17	中华人民共和国工业和信息化部
18	湖北航天技术研究院总体设计所
19	西安微电子技术研究所
20	大连测控技术研究所

第二部分 技术合同构成

高等院校吸纳技术合同成交额减少。2021年，共有4169家高等院校签订技术吸纳合同，与上年持平，成交额为129.4亿元，同比减少11.3%。排名前20位的高等院校共签订技术吸纳合同2102项，成交额为53.1亿元，占全国高等院校技术合同成交额的41.0%。九江学院、北京大学、兰州资源环境职业技术学院吸纳技术合同成交额居高等院校前三甲（表2-8）。

表2-8　2021年高等院校吸纳技术合同成交额前20名

排名	买方名称
1	九江学院
2	北京大学
3	兰州资源环境职业技术学院
4	清华大学
5	西安交通大学
6	河南科技大学
7	南方科技大学
8	中国民用航空飞行学院
9	北京大学深圳研究生院
10	哈尔滨工业大学
11	浙江东方职业技术学院
12	北京航空航天大学
13	海军工程大学
14	西北工业大学
15	山西医科大学
16	北京理工大学
17	南京理工大学
18	上海交通大学
19	西安电子科技大学
20	山东大学

第三部分 各地技术交易

一、合同登记情况

全国大部分省（直辖市）登记技术合同成交额保持增长。技术合同成交额排名前10位的省（直辖市）依次为北京、广东、江苏、上海、山东、陕西、湖北、浙江、安徽和四川，前10位省（直辖市）的技术合同项数与成交额总和分别占全国的76.6%和78.5%，同比略有下降。前10位中，安徽登记技术合同成交额由上年的第12位上升至第9位；上海上升1位，居第4位（图3-1、表3-1）。

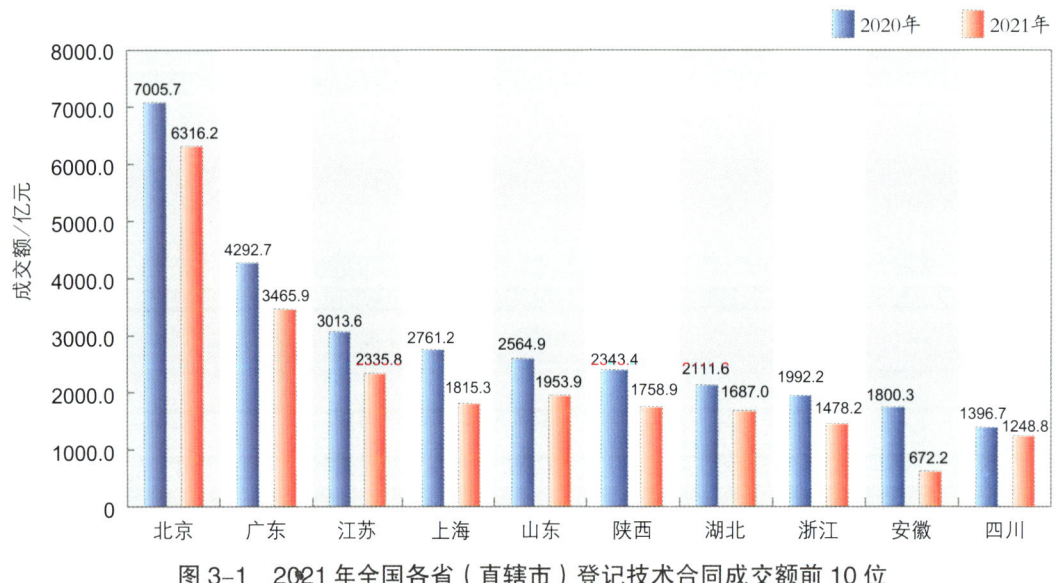

图 3-1　2021年全国各省（直辖市）登记技术合同成交额前10位

表 3-1　2020—2021年全国技术合同认定登记情况

地区	2020年			2021年		
	合同数/项	成交额/亿元	排名	合同数/项	成交额/亿元	排名
北京	84 451	6316.2	1	93 563	7005.7	1
广东	39 845	3465.9	2	49 261	4292.7	2
其中：深圳	11 797	1043.9		15 284	1627.1	

续表

地区	2020年			2021年		
	合同数/项	成交额/亿元	排名	合同数/项	成交额/亿元	排名
江苏	57 412	2335.8	3	82 555	3013.6	3
上海	26 811	1815.3	5	36 998	2761.2	4
山东	73 947	1953.9	4	48 271	2564.9	5
其中：青岛	7547	270.8		5579	320.1	
陕西	52 036	1758.9	6	68 951	2343.4	6
湖北	39 749	1687.0	7	54 513	2111.6	7
浙江	25 970	1478.2	8	37 208	1992.2	8
其中：宁波	3184	167.2		3824	321.6	
安徽	16 717	672.2	12	23 797	1800.3	9
四川	20 456	1248.8	9	18 497	1396.7	10
天津	9822	1113.0	10	12 560	1321.8	11
湖南	11 741	735.9	11	17 721	1261.3	12
广西	3405	91.7	23	6356	941.3	13
辽宁	17 621	645.1	13	18 825	778.6	14
其中：大连	7582	249.8		8507	336.2	
河北	7486	558.6	14	11 755	752.0	15
河南	11 751	384.5	16	17 650	608.9	16
江西	4087	233.4	19	6625	414.0	17
黑龙江	5127	267.8	17	6960	352.9	18
重庆	3592	154.2	22	7266	310.9	19
贵州	3438	249.1	18	5592	289.3	20
甘肃	7403	233.2	20	10 177	280.4	21
福建	10 943	183.9	21	16 320	214.4	22
其中：厦门	5727	108.8		7050	127.1	

续表

地区	2020年			2021年		
	合同数/项	成交额/亿元	排名	合同数/项	成交额/亿元	排名
山西	1059	45.0	26	1424	134.5	23
吉林	5361	462.2	15	3777	108.1	24
云南	3331	50.1	24	4978	106.1	25
内蒙古	1506	48.2	25	1534	46.1	26
海南	529	20.2	28	1046	28.5	27
宁夏	1874	22.5	27	3127	25.2	28
新疆	743	9.5	30	1822	21.3	29
其中：新疆生产建设兵团	365	3.3		627	3.6	
青海	1073	10.6	29	1275	14.1	30
西藏	67	0.8	31	102	2.3	31
合计	549 353	28 251.5		670 506	37 294.3	

二、技术输出情况

1. 省（自治区、直辖市）输出技术

北京、广东、江苏输出技术合同成交额领先全国。全国大部分省（自治区、直辖市）输出技术合同成交额稳步增长，北京、广东、江苏共成交技术合同 224 402 项，占全国技术合同总成交项数的 33.5%；成交额为 13 711.4 亿元，占全国技术合同成交总额的 36.8%。

全国输出技术合同成交额前 10 名的省（直辖市）依次为北京、广东、江苏、上海、山东、陕西、湖北、浙江、安徽和四川，共成交技术合同 511 112 项，成交额为 28 201.2 亿元，分别占全国技术合同总成交项数和总成交额的 76.2% 和 75.6%。上海由上年的第 7 位跃身成为第 4 位，安徽由第 12 位上升至第 9 位（图 3-2、表 3-2）。

输出技术合同成交额超 1000 亿元的省（直辖市）由上年的 10 个增加至 12 个，分别为北京、广东、江苏、上海、山东、陕西、湖北、浙江、安徽、四川、湖南和天津。全国（除港澳台和国外）

输出技术合同成交额平均增速为32%，安徽、广西、山西、西藏、新疆、云南增速超过100%，河南、湖南、江西、上海、重庆增幅超过50%（附表5）。

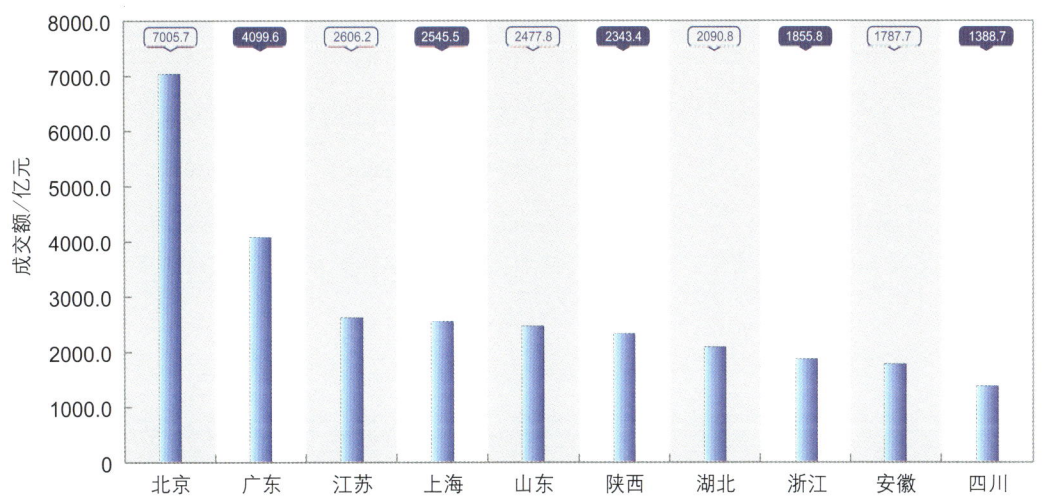

图 3-2　2021 年全国各省（直辖市）输出技术合同成交额前 10 位

表 3-2　2021 年各地区技术交易流向情况

地区	输出技术			吸纳技术		
	合同数/项	成交额/亿元	排名	合同数/项	成交额/亿元	排名
北京	93 563	7005.7	1	71 405	3439.1	2
广东	48 857	4099.6	2	71 428	5490.6	1
江苏	81 982	2606.2	3	75 702	2812.0	3
上海	36 450	2545.5	4	37 962	1422.2	8
山东	48 029	2477.8	5	47 955	2564.2	4
陕西	68 951	2343.4	6	38 463	1357.3	9
湖北	54 148	2090.8	7	38 641	1600.9	7
浙江	36 970	1855.8	8	42 398	2135.9	5
安徽	23 729	1787.7	9	25 690	1881.6	6

续表

地区	输出技术			吸纳技术		
	合同数 / 项	成交额 / 亿元	排名	合同数 / 项	成交额 / 亿元	排名
四川	18 443	1388.7	10	20 947	1263.8	10
湖南	17 720	1261.3	11	16 726	922.0	13
天津	12 048	1256.8	12	9886	599.6	18
广西	6335	940.6	13	9932	1254.0	11
辽宁	18 526	755.1	14	16 264	511.0	21
河北	11 739	747.3	15	15 769	1154.1	12
河南	17 630	607.3	16	19 047	782.8	14
江西	6536	409.4	17	9278	596.1	19
黑龙江	6958	350.1	18	7879	242.9	27
贵州	5592	289.3	19	8160	599.9	17
甘肃	10 176	280.4	20	10 941	371.8	24
福建	16 121	196.8	21	17 634	630.0	16
重庆	7194	184.5	22	9548	518.0	20
山西	1424	134.5	23	6069	489.3	22
吉林	3777	108.1	24	5218	218.4	28
云南	4978	106.1	25	7904	700.3	15
内蒙古	1524	41.1	26	6561	376.9	23
海南	1042	28.4	27	2975	261.0	26
宁夏	3125	25.1	28	4950	104.2	30
新疆	1819	18.9	29	5578	263.5	25
青海	1275	14.1	30	2642	83.2	31
西藏	101	1.7	31	1096	198.9	29
港澳台	369	59.9		1659	313.5	
国外	3375	1276.3		4199	2135.7	
合计	670 506	37 294.3		670 506	37 294.3	

第三部分 各地技术交易

2. 计划单列市输出技术

深圳输出技术总量位居榜首。5 个计划单列市输出技术增长迅速，共输出技术合同 39 835 项，成交额为 2606.1 亿元，同比增长 41.6%。其中，深圳输出技术合同项数和成交额均位居计划单列市之首，成交额同比增长 56.5%；大连输出技术合同成交额增长 29.7%，成交额排名由上年的第 3 位上升至第 2 位（表 3-3、附表 5）。

表 3-3　2021 年计划单列市技术交易流向情况

计划单列市	输出技术			吸纳技术		
	合同数 / 项	成交额 / 亿元	排名	合同数 / 项	成交额 / 亿元	排名
深圳	15 364	1633.2	1	28 668	2488.6	1
大连	8254	323.9	2	6532	142.9	4
青岛	5498	309.3	3	5872	310.5	2
宁波	3729	224.4	4	5987	309.2	3
厦门	6990	115.3	5	5272	87.5	5
合计	39 835	2606.1		52 331	3338.8	

3. 副省级城市输出技术

广州输出技术总量居首位。10 个副省级城市输出技术合同成交额总和为 9091.0 亿元，同比增长 11.9%。其中，输出技术合同成交额居前 3 位的分别是广州、西安和成都，成交额分别为 2338.1 亿元、2209.5 亿元和 1189.4 亿元，其中西安同比增长 34.0%，增幅居首位（表 3-4、附表 5）。

表 3-4　2021 年副省级城市技术交易流向情况

副省级城市	输出技术			吸纳技术		
	合同数 / 项	成交额 / 亿元	排名	合同数 / 项	成交额 / 亿元	排名
广州	24 977	2338.1	1	19 490	1446.9	1
西安	65 684	2209.5	2	29 112	962.8	2

续表

副省级城市	输出技术			吸纳技术		
	合同数/项	成交额/亿元	排名	合同数/项	成交额/亿元	排名
成都	14 071	1189.4	3	13 275	664.4	5
武汉	31 529	1105.3	4	17 414	704.2	4
南京	35 188	716.0	5	22 629	798.0	3
杭州	14 611	424.5	6	15 580	653.4	6
济南	12 051	409.8	7	9202	476.7	7
沈阳	7886	336.2	8	5895	161.8	9
哈尔滨	4140	263.1	9	4025	121.2	10
长春	3260	99.0	10	3695	170.1	8
合计	213 397	9091.0		140 317	6159.4	

三、技术吸纳情况

1. 省（自治区、直辖市）吸纳技术

广东、北京和江苏吸纳技术合同成交额居前3位。吸纳技术前10位的省（直辖市）分别为广东、北京、江苏、山东、浙江、安徽、湖北、上海、陕西和四川，共吸纳技术470 591项，占全国技术合同总成交项数的70.2%；成交额为23 967.4亿元，占全国技术合同成交总额的64.3%。其中，安徽吸纳技术合同成交额增长155.0%，从上年的第10位上升至第6位（图3-3、表3-2）。

吸纳技术合同成交额超过1000亿元的省（直辖市）由上年的7个增加至12个，分别为广东、北京、江苏、山东、浙江、安徽、湖北、上海、陕西、四川、广西和河北。全国吸纳技术合同成交额平均增速为35.1%。其中，安徽、广西、海南、西藏、云南、重庆吸纳技术合同成交额增速超过100.0%，甘肃、河北、湖南、江西和内蒙古吸纳技术合同成交额增幅超过50.0%（附表6）。

第三部分 各地技术交易

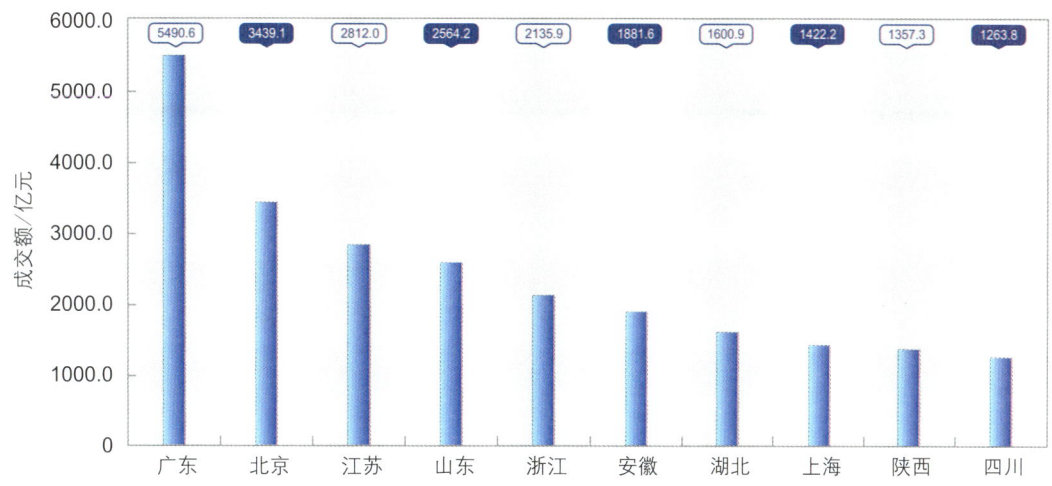

图 3-3　2021 年全国各省（直辖市）吸纳技术合同成交额前 10 位

2. 计划单列市吸纳技术

深圳吸纳技术合同成交额居首位。5 个计划单列市共吸纳技术合同 52 331 项，成交额为 3338.8 亿元，同比增长 38.6%。其中，大连吸纳技术合同成交额增幅最大，同比增长 87.1%；深圳技术需求进一步增长，吸纳技术合同成交额增幅为 52.5%（表 3-3）。

3. 副省级城市吸纳技术

广州吸纳技术合同成交额继续保持首位。10 个副省级城市共吸纳技术合同 140 317 项，成交额为 6159.4 亿元。其中，杭州吸纳技术合同成交额为 653.4 亿元，同比增长 46.9%，增速居副省级城市首位，由上年的第 7 位上升至第 6 位；西安吸纳技术合同成交额为 962.8 亿元，同比增长 45.5%，由上年的第 3 位上升至第 2 位；南京吸纳技术合同成交额为 798.0 亿元，同比增长 34.2%，由上年的第 4 位上升至第 3 位（表 3-4）。

第四部分　区域技术交易

境内区域技术交易持续活跃，除东北地区之外，输出与吸纳技术合同成交额全部呈上升态势。东部地区技术辐射扩散能力仍然领跑全国，输出与吸纳技术合同成交额分别占全国技术合同成交总额的 61.2% 和 55.0%。长三角地区相比上年增速提升，输出与吸纳技术合同成交额同比分别增长 53.4% 和 45.1%。粤港澳大湾区输出与吸纳技术合同成交额增速放缓，增幅分别为 25.8% 和 24.1%。跨国技术交易中，中国境外地区输出技术活跃，合同成交额达 2135.7 亿元，其中共建"一带一路"地区吸纳 609.5 亿元（表 4–1）。

表 4–1　2021 年区域技术交易流向情况

地区	输出技术				吸纳技术			
	合同数 / 项	成交额 / 亿元	增长 /%	占比 /%	合同数 / 项	成交额 / 亿元	增长 /%	占比 /%
东部地区	386 801	22 819.8	24.1	61.2	393 114	20 508.6	25.4	55.0
中部地区	121 187	6290.9	69.1	16.9	115 451	6272.6	61.7	16.8
西部地区	129 513	5633.9	47.6	15.1	126 722	7091.6	59.6	19.0
东北地区	29 261	1213.4	–10.8	3.3	29 361	972.3	–13.7	2.6
京津冀地区	117 350	9009.8	13.2	24.2	97 060	5192.7	16.6	13.9
长三角地区	179 131	8795.1	53.4	23.6	181 752	8251.7	45.1	22.1
粤港澳大湾区	47 746	4123.3	25.8	11.1	67 728	5460.5	24.1	14.6
共建"一带一路"	199	25.4	5.4	0.1	715	609.5	13.1	1.6
境外地区	3375	1276.2	37.2	3.4	4199	2135.7	–2.6	5.7

一、东部地区

东部地区技术交易再创新高。全年输出技术合同 386 801 项，成交额为 22 819.8 亿元，同比增长 24.1%，占全国技术合同成交总额的 61.2%；吸纳技术合同 393 114 项，成交额为 20 508.6 亿元，同比增长 25.4%，占全国技术合同成交总额的 55.0%。北京是东部地区最大的技术交易输出地，输出技术合同成交额占东部地区输出技术合同成交额的30.7%；广东是东部地区最大的技术交易吸纳地，吸纳技术合同成交额占东部地区吸纳技术合同成交额的26.8%；上海输出技术合同成交额为2545.5亿元，增幅达到60.8%，由上年的第5位上升至第4位；福建吸纳技术合同成交额为630.0亿元，增幅为22.6%，由上年的第9位上升至第8位；河北吸纳技术合同成交额增速明显，同比增长63.3%；海南虽输出与吸纳技术合同成交额较小，但涨势依旧喜人，在吸纳技术方面的尤为突出，增速达到226.9%；天津吸纳技术合同成交额的增速为负值（表4-2）。

表 4-2 2021 年东部地区技术交易流向情况

地区	输出技术				吸纳技术			
	合同数/项	成交额/亿元	增长/%	排名	合同数/项	成交额/亿元	增长/%	排名
北京	93 563	7005.7	10.9	1	71 405	3439.1	9.9	2
广东	48 857	4099.6	25.5	2	71 428	5490.6	27.5	1
江苏	81 982	2606.2	24.8	3	75 702	2812.0	26.8	3
上海	36 450	2545.5	60.8	4	37 962	1422.2	22.3	6
山东	48 029	2477.8	30.1	5	47 955	2564.2	25.2	4
浙江	36 970	1855.8	32.2	6	42 398	2135.9	36.2	5
天津	12 048	1256.8	15.4	7	9886	599.6	-2.8	9
河北	11 739	747.3	34.7	8	15 769	1154.1	63.3	7
福建	16 121	196.8	20.3	9	17 634	630.0	22.6	8
海南	1042	28.4	40.7	10	2975	261.0	226.9	10
合计	386 801	22 819.8	24.1		393 114	20 508.6	25.4	

二、中部地区

全年中部地区输出技术合同 121 187 项，成交额为 6290.9 亿元，同比增长 69.1%，占全国技术合同成交总额的 16.9%；吸纳技术合同 115 451 项，成交额为 6272.6 亿元，同比增长 61.7%，占全国技术合同成交总额的 16.8%；中部地区双向技术交易增速明显。山西、安徽输出技术合同成交额增速显著，分别为 199.0% 和 171.0%，其中安徽输出技术交易额排名由第 3 位上升至第 2 位；安徽吸纳技术合同成交额为 1881.6 亿元，同比增长 155.0%，首次超越湖北，跃居中部地区首位；湖南、江西吸纳技术交易额增速明显，分别为 76.1% 和 73.0%，其中湖南由上年的第 4 位上升至第 3 位（表 4–3）。

表 4–3　2021 年中部地区技术交易流向情况

地区	输出技术				吸纳技术			
	合同数/项	成交额/亿元	增长/%	排名	合同数/项	成交额/亿元	增长/%	排名
湖北	54 148	2090.8	25.5	1	38 641	1600.9	14.1	2
安徽	23 729	1787.7	171.0	2	25 690	1881.6	155.0	1
湖南	17 720	1261.3	71.4	3	16 726	922.0	76.1	3
河南	17 630	607.3	59.9	4	19 047	782.8	45.9	4
江西	6536	409.4	75.4	5	9278	596.1	73.0	5
山西	1424	134.5	199.0	6	6069	489.3	47.2	6
合计	121 187	6290.9	69.1		115 451	6272.6	61.7	

三、西部地区

西部地区吸纳技术合同成交额高于输出技术合同成交额。全年西部地区输出技术合同 129 513 项，成交额为 5633.9 亿元，同比增长 47.6%，占全国技术合同成交总额的 15.1%；吸纳技术合同 126 722 项，成交额为 7091.6 亿元，同比增长 59.6%，占全国技术合同成交总额的 19.0%；西部地区双向技术交易增速明显，占全国技术合同成交总额的比重较上年有所上升。陕西、四川和广西输出与吸纳技术合同成交额在西部地区具有绝对优势，三省输出与吸纳技术合同总成交额分别为 4672.7 亿元和 3875.1 亿元，在西部地区占比分别为 82.9% 和 54.6%；广西双向技术交易增长尤为显著，输出与吸纳技术合同成交额增速分别为 926.1% 和 164.6%；云南输出与吸纳技术合同成交额增速表现突出，分别增长 112.4% 和 110.7%，其吸纳技术合同成交额排名由上年的第 5 位上升至第 4 位；宁夏、新疆、青海吸纳技术合同成交额均呈负增长（表 4–4）。

表 4-4　2021 年西部地区技术交易流向情况

地区	输出技术				吸纳技术			
	合同数 / 项	成交额 / 亿元	增长 /%	排名	合同数 / 项	成交额 / 亿元	增长 /%	排名
陕西	68 951	2343.4	33.2	1	38 463	1357.3	44.2	1
四川	18 443	1388.7	11.6	2	20 947	1263.8	44.3	2
广西	6335	940.6	926.1	3	9932	1254.0	164.6	3
贵州	5592	289.3	16.1	4	8160	599.9	7.9	5
甘肃	10 176	280.4	20.3	5	10 941	371.8	57.8	8
重庆	7194	184.5	56.7	6	9548	518.0	129.7	6
云南	4978	106.1	112.4	7	7904	700.3	110.7	4
内蒙古	1524	41.1	14.4	8	6561	376.9	50.1	7
宁夏	3125	25.1	49.3	9	4950	104.2	−8.2	11
新疆	1819	18.9	109.1	10	5578	263.5	−3.7	9
青海	1275	14.1	33.5	11	2642	83.2	−1.3	12
西藏	101	1.7	121.9	12	1096	198.9	145.1	10
合计	129 513	5633.9	47.6		126 722	7091.6	59.6	

四、东北地区

东北地区技术交易成交额呈下降趋势。全年东北地区输出技术合同 29 261 项，成交额为 1213.4 亿元，同比下降 10.8%，占全国技术合同成交总额的 3.3%；吸纳技术合同 29 361 项，成交额为 972.3 亿元，同比下降 13.7%，占全国技术合同成交总额的 2.6%。其中，辽宁输出与吸纳技术合同成交额居东三省首位，分别为 755.1 亿元和 511.0 亿元；黑龙江输出与吸纳技术合同成交额增速最大，同比分别增长 32.0% 和 27.9%；吉林输出与吸纳技术合同成交额下降明显（表 4–5）。

表 4-5 2021 年东北地区技术交易流向情况

地区	输出技术				吸纳技术			
	合同数/项	成交额/亿元	增长/%	排名	合同数/项	成交额/亿元	增长/%	排名
辽宁	18 526	755.1	19.3	1	16 264	511.0	25.7	1
黑龙江	6958	350.1	32.0	2	7879	242.9	27.9	2
吉林	3777	108.1	-76.6	3	5218	218.4	-58.8	3
合计	29 261	1213.4	-10.8		29 361	972.3	-13.7	

五、京津冀地区

京津冀地区输出技术合同成交额明显高于吸纳技术合同成交额。全年京津冀地区输出技术合同 117 350 项，成交额为 9009.8 亿元，同比增长 13.2%，占全国技术合同成交总额的 24.2%；吸纳技术合同 97 060 项，成交额为 5192.7 亿元，同比增长 16.6%，占全国技术合同成交总额的 13.9%。其中，北京输出与吸纳技术合同成交额分别位居全国第一和第二，分别占全国输出与吸纳技术合同成交总额的 18.8% 和 9.2%（表 4-6）。2021 年，北京与河北雄安、廊坊等周边地区的技术交易项数与成交额有所增长，主要在城市建设与社会发展、新能源与高效节能、电子信息、现代交通和环境保护与资源综合利用等领域技术合作增长趋势明显，率先实现京津冀协同发展。

表 4-6 2021 年京津冀地区技术交易流向情况

地区	输出技术				吸纳技术			
	合同数/项	成交额/亿元	增长/%	排名	合同数/项	成交额/亿元	增长/%	排名
北京	93 563	7005.7	10.9	1	71 405	3439.1	9.9	1
天津	12 048	1256.8	15.4	2	9886	599.6	-2.8	3
河北	11 739	747.3	34.7	3	15 769	1154.1	63.3	2
合计	117 350	9009.8	13.2		97 060	5192.7	16.6	

六、长三角地区

长三角地区技术交易发展优势显著。全年长三角地区输出技术合同 179 131 项，成交额为 8795.1 亿元，同比增长 53.4%，占全国技术合同成交总额的 23.6%；吸纳技术合同 181 752 项，成交额为 8251.7 亿元，同比增长 45.1%，占全国技术合同成交总额的 22.1%。其中，江苏输出与吸纳技术合同成交额均超过 2500 亿元，位居长三角地区首位；安徽输出与吸纳技术合同成交额增速显著，同比分别增长 171.0% 和 155.0%，缩小了与其他 3 个地区的差距（表 4–7）。

表 4–7　2021 年长三角地区技术交易流向情况

地区	输出技术				吸纳技术			
	合同数/项	成交额/亿元	增长/%	排名	合同数/项	成交额/亿元	增长/%	排名
江苏	81 982	2606.2	24.8	1	75 702	2812.0	26.8	1
上海	36 450	2545.5	60.8	2	37 962	1422.2	22.3	4
浙江	36 970	1855.8	32.2	3	42 398	2135.9	36.2	2
安徽	23 729	1787.7	171.0	4	25 690	1881.6	155.0	3
合计	179 131	8795.1	53.4		181 752	8251.7	45.1	

七、粤港澳大湾区

粤港澳大湾区整体稳定增长，区域内部增长势头呈现差异化。全年粤港澳大湾区输出技术合同 47 746 项，成交额为 4123.3 亿元，同比增长 25.8%，占全国技术合同成交总额的 11.1%；吸纳技术合同 67 728 项，成交额为 5460.5 亿元，同比增长 24.1%，占全国技术合同成交总额的 14.6%；广州和深圳双向技术合同交易额相较其他地区具有绝对优势，成交额均远在 1000 亿元以上；中山、惠州、肇庆的双向技术合同交易额保持高速增长，增幅均在 100% 以上；深圳、江门两市的双向技术合同交易额增幅均在 50% 以上；澳门吸纳技术势头强劲，同比增长了 728.0%；佛山虽输出技术合同成交额呈负增长，但吸纳技术合同成交额同比增长 96.7%。整体来看，粤港澳大湾区吸纳技术明显优于输出技术（表 4–8）。

表 4-8 2021 年粤港澳大湾区技术交易流向情况

地区	输出技术				吸纳技术			
	合同数/项	成交额/亿元	增长/%	排名	合同数/项	成交额/亿元	增长/%	排名
广州	24 977	2338.1	11.9	1	19 490	1446.9	-11.4	2
深圳	15 364	1633.2	56.5	2	28 668	2488.6	52.5	1
珠海	459	46.6	42.6	3	1945	210.9	33.3	5
香港	108	30.8	111.0	4	1307	279.9	17.7	4
中山	460	20.6	182.3	5	1323	84.2	484.4	9
佛山	4733	20.0	-13.6	6	6366	155.2	96.7	6
东莞	301	13.1	-76.0	7	5163	502.2	-7.8	3
惠州	563	10.2	226.9	8	1405	94.7	203.2	8
江门	583	5.2	54.8	9	1317	125.3	110.7	7
肇庆	191	5.1	138.5	10	692	69.3	482.3	10
澳门	7	0.3	-93.0	11	52	3.3	728.0	11
合计	47 746	4123.3	25.8		67 728	5460.5	24.1	

八、共建"一带一路"

1. 国别构成

共建"一带一路"国家和地区的技术输出微幅增长。全年输出到"一带一路"沿线 42 个国家 715 项技术合同，成交额为 609.5 亿元，同比增长 13.1%。其中，主要输出国是新加坡，技术合同成交额为 124.1 亿元，占"一带一路"国家吸纳技术合同成交额的 20.4%；其次是柬埔寨，技术合同成交额为 122.3 亿元，占"一带一路"国家吸纳技术合同成交额的 20.1%。除此之外，输出到柬埔寨、白俄罗斯、克罗地亚、老挝、土耳其等国家的技术合同成交额增速在 10 倍以上，输出到越南、印度尼西亚、马来西亚、孟加拉国、缅甸、菲律宾等国家的技术合同成交额呈负增长（表 4-9）。

表 4-9　2021 年共建"一带一路"国家吸纳技术情况

国家	合同数 / 项	成交额 / 亿元	增长 /%	占比 /%	排名
新加坡	209	124.1	110.5	20.4	1
柬埔寨	20	122.3	13 473.0	20.1	2
伊拉克	1	66.3	372.7	10.9	3
白俄罗斯	4	60.5	268 267.0	9.9	4
俄罗斯	49	51.8	120.5	8.5	5
巴勒斯坦	8	34.5	353.0	5.7	6
越南	47	32.5	−11.1	5.3	7
印度尼西亚	45	22.5	−41.7	3.7	8
马来西亚	43	16.2	−13.0	2.7	9
土库曼斯坦	1	13.8		2.3	10
克罗地亚	2	13.2	1811.9	2.2	11
印度	86	9.6	137.2	1.6	12
巴林	2	9.1		1.5	13
沙特阿拉伯	7	8.9	49.3	1.5	14
孟加拉国	10	6.6	−95.2	1.1	15
老挝	15	4.7	1755.5	0.8	16
泰国	32	3.5	320.1	0.6	17
缅甸	6	3.4	−93.4	0.6	18
菲律宾	15	2.5	−26.5	0.4	19
土耳其	30	0.9	7096.1	0.1	20
其他国家	83	2.6		0.4	
合计	715	609.5	13.1	100.0	

2. 技术领域构成

输出到"一带一路"国家的技术领域主要集中在城市建设与社会发展、现代交通、电子信息、新能源与高效节能等。2021年，我国面向"一带一路"沿线国家输出城市建设与社会发展领域技术合同成交额为130.5亿元，居各技术领域交易之首，但同比下降12.4%，占"一带一路"国家吸纳技术合同成交额的21.4%；输出电子信息领域技术合同231项，居各类技术交易领域项数之首，成交额为121.2亿元；现代交通、航空航天领域技术合同交易活跃，增幅分别达到775.6%和6636.1%；2021年较2020年新增了核应用技术交易领域，成交额为0.3亿元（表4-10）。

表4-10　2021年共建"一带一路"国家吸纳技术领域构成

技术领域	合同数/项	成交额/亿元	增长/%	占比/%	排名
城市建设与社会发展	46	130.5	-12.4	21.4	1
现代交通	84	127.2	775.6	20.9	2
电子信息	231	121.2	157.0	19.9	3
新能源与高效节能	54	106.0	-42.0	17.4	4
环境保护与资源综合利用	26	67.7	-39.0	11.1	5
先进制造	160	30.1	53.9	4.9	6
新材料及其应用	23	9.8	85.6	1.6	7
农业	14	7.2	-5.7	1.2	8
航空航天	4	4.7	6636.1	0.8	9
生物、医药和医疗器械	72	4.6	168.4	0.8	10
核应用	1	0.3	—	0.0	11
合计	715	609.5	13.1	100.0	

3. 合同类别构成

技术服务是"一带一路"国家技术交易的主要方式。中国输出到"一带一路"沿线国家的技术服务合同有410项，成交额为502.9亿元，同比增长11.4%，占"一带一路"国家吸纳技术合同成交额的比例为82.5%；值得一提的是，技术转让合同成交额较上年增长活跃，为12.1亿元，增幅达212.0%；技术咨询合同成交额下降90.2%（表4-11）。

表4-11　2021年共建"一带一路"国家吸纳技术合同类别构成

合同类别	合同数/项	成交额/亿元	增长/%	占比/%	排名
技术服务	410	502.9	11.4	82.5	1
技术开发	220	90.9	92.3	14.9	2
技术转让	54	12.1	212.0	2.0	3
技术咨询	31	3.6	−90.2	0.6	4
合计	715	609.5	13.1	100.0	

九、境外地区

1. 总体趋势

境外技术交易保持稳定增长态势。据全国技术合同管理与服务系统统计，2021年我国输出到境外的技术合同有4199项，成交额为2135.7亿元，同比下降2.6%，占全国技术合同成交总额的5.7%；近10年，中国向境外输出技术合同成交额总体呈上升趋势，在2015年度和2020年度分别达到了峰值，其中2015年向境外输出技术合同成交额为1699.2亿元，成交项数为4117项；2020年向境外输出技术合同成交额达2192.2亿元，成交项数达4121项（表4-12、图4-1）。

表4-12　2012—2021年中国向境外输出技术合同成交额

年份	输出技术	
	合同数/项	成交额/亿元
2012	4247	730.4
2013	3941	992.8
2014	4150	1069.0
2015	4117	1699.2

续表

年份	输出技术	
	合同数/项	成交额/亿元
2016	3890	1548.3
2017	3478	1416.0
2018	4155	1451.7
2019	4518	1898.0
2020	4121	2192.2
2021	4199	2135.7

图 4-1　2012—2021 年中国向境外输出技术合同成交额

2. 国别构成

2021 年的技术市场交易主要集中在欧洲、亚洲和北美洲。我国输出到境外的技术合同成交额居首位的是美国，输出技术合同 1026 项，成交额为 698.4 亿元，同比增长 1.3%，输出到新加坡、柬埔寨、德国、伊拉克、阿尔及利亚等国家的技术合同成交额大幅增长（表 4-13）。

第四部分 区域技术交易

表 4-13　2021 年中国向境外输出技术交易流向情况

国家	输出技术		
	合同数/项	成交额/亿元	排名
美国	1026	698.4	1
日本	209	124.1	2
德国	20	122.3	3
韩国	147	104.8	4
瑞士	988	88.9	5
比利时	152	73.7	6
挪威	154	73.5	7
法国	1	66.3	8
瑞典	5	62.4	9
英国	4	60.5	10
意大利	44	55.1	11
芬兰	49	51.8	12
荷兰	35	36.6	13
新加坡	8	34.5	14
印度	8	33.3	15
丹麦	47	32.5	16
西班牙	51	31.1	17
加拿大	10	29.4	18
俄罗斯	45	22.5	19
奥地利	72	20.6	20
其他国家	1124	313.5	
合计	4199	2135.7	

53

近 10 年，中国向境外输出技术覆盖国别广泛。2012 年，中国输出到境外的技术合同成交额居前 5 位的国家分别是美国、新加坡、德国、瑞典、荷兰，成交额分别是 173.7 亿元、49.5 亿元、44.9 亿元、44.0 亿元、37.0 亿元，成交额排名前 10 位的国家占中国输出技术合同成交额总额的 68.2%；2017 年，中国境外输出技术合同成交额居前 5 位的国家分别是美国、埃塞俄比亚、乌克兰、新加坡、以色列，成交额分别是 267.5 亿元、163.3 亿元、81.6 亿元、79.7 亿元、66.8 亿元，成交额排名前 10 位的国家占中国输出技术合同成交额总额的 60.9%；2021 年，中国境外输出技术合同成交额居前 5 位的国家分别是美国、新加坡、柬埔寨、英国、日本，成交额分别是 698.4 亿元、124.1 亿元、122.3 亿元、104.8 亿元、88.9 亿元，成交额排名前 10 位的国家占中国输出技术合同成交额总额的 69.1%（表 4-14）。

表 4-14　2012 年、2017 年、2021 年中国输出技术主要国别及成交额

2012 年		2017 年		2021 年	
国别	输出成交额 / 亿元	国别	输出成交额 / 亿元	国别	输出成交额 / 亿元
美国	173.7	美国	267.5	美国	698.4
新加坡	49.5	埃塞俄比亚	163.3	新加坡	124.1
德国	44.9	乌克兰	81.6	柬埔寨	122.3
瑞典	44.0	新加坡	79.7	英国	104.8
荷兰	37.0	以色列	66.8	日本	88.9
安哥拉	36.5	瑞典	55.5	韩国	73.7
日本	35.6	日本	41.0	德国	73.5
芬兰	33.7	苏丹	39.9	伊拉克	66.3
法国	21.9	韩国	34.5	阿尔及利亚	62.4
厄瓜多尔	21.0	加纳	32.7	白俄罗斯	60.5

3. 技术领域构成

中国输出技术主要集中在电子信息领域，输出技术合同 1883 项，成交额为 595.7 亿元，同比增长 9.9%，占境外输出技术合同成交额的 27.9%。输出电子信息技术合同成交额排名前 3 位的国

家分别是美国、新加坡、英国，成交额分别是 169.3 亿元、107.6 亿元、58.2 亿元。新材料及其应用、现代交通、航空航天领域输出技术增长势头强劲，技术合同成交额同比增长均超过了 100%。先进制造，生物、医药和医疗器械，城市建设与社会发展技术领域的境外技术输出交易也相对活跃。其中，输出先进制造技术合同成交额排名前 3 位的国家分别是美国、日本、法国，成交额分别是 221.8 亿元、41.7 亿元、13.1 亿元；输出生物、医药和医疗器械技术合同成交额排名前 3 位的国家分别是美国、英国、德国，成交额分别是 193.0 亿元、34.0 亿元、10.6 亿元；输出城市建设与社会发展技术合同成交额排名前 3 位的国家分别是伊拉克、白俄罗斯、阿尔及利亚，成交额分别是 66.3 亿元、60.4 亿元、44.0 亿元（表 4-15、图 4-2）。

表 4-15　2021 年中国输出境外技术合同交易领域构成

技术领域	输出技术			
	合同数 / 项	成交额 / 亿元	增长 /%	占比 /%
先进制造	586	350.5	-16.9	16.4
新材料及其应用	136	69.4	231.3	3.3
生物、医药和医疗器械	786	290.2	30.6	13.6
电子信息	1883	595.7	9.9	27.9
新能源与高效节能	173	188.0	-26.1	8.8
现代交通	249	216.5	116.0	10.1
农业	76	12.9	-28.4	0.6
环境保护与资源综合利用	96	92.1	-75.3	4.3
城市建设与社会发展	148	230.6	17.3	10.8
航空航天	64	89.5	106.3	4.2
核应用	2	0.3	—	0.0
合计	4199	2135.7	-2.6	100.0

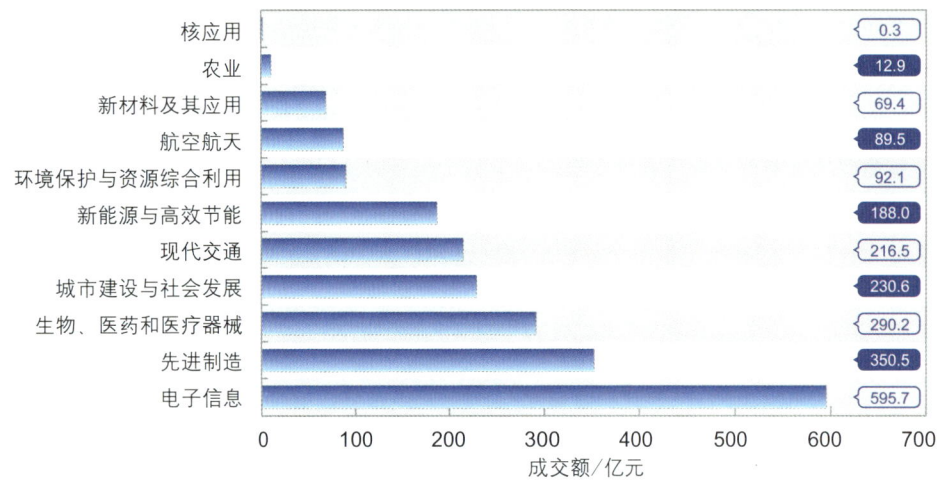

图 4-2 2021 年中国输出境外技术合同交易领域构成

4. 合同类别构成

技术转让和技术开发是我国从境外引进技术合同的主要类别。我国引进境外技术以技术转让方式为主，技术转让合同 2026 项，成交额为 951.9 亿元，同比增长 34.9%，占境外输出技术合同成交额的 74.6%。在输出境外技术合同中，技术服务为主要交易方式，技术服务合同为 1533 项，成交额为 987.7 亿元，同比下降 9.8%，占吸纳境外地区技术合同成交额的 46.2%。我国向境外输出的技术咨询合同成交额较上年有大幅下降，成交额为 29.2 亿元，下降 76.0%（表 4-16）。

表 4-16 2021 年境外地区技术交易合同类别构成

合同类别	输出技术			
	合同数/项	成交额/亿元	增长/%	占比/%
技术转让	258	305.6	54.3	14.3
技术开发	2278	813.2	4.6	38.1
技术咨询	130	29.2	−76.0	1.4
技术服务	1533	987.7	−9.8	46.2
合计	4199	2135.7	−2.6	100.0

第五部分　技术交易机构

一、技术（产权）交易机构

技术（产权）交易机构是以企业和产业需求为导向，整合创新要素和创新资源，提供技术孵化、技术转让、技术咨询、技术评估、技术投融资、技术产权交易、知识产权运营及技术信息平台等专业性和综合性服务的机构，是技术转移服务体系的重要组成部分。根据调查统计数据显示，全国26家主要技术（产权）交易机构共有从业人员1149人，2021年共促成技术交易5576项，成交额为679.5亿元，占全国技术合同成交额的1.8%，开展727次技术推广和交易活动，组织技术转移相关培训26 826人次。

1. 技术交易所

通过对中国技术交易所有限公司、湖北技术交易所等15家技术交易所（中心）进行统计，2021年共促成技术交易3350项，成交额为294.5亿元。其中，西安技术市场和湖北技术交易所促成的技术合同项目成交额分别为122.1亿元、69.3亿元，位居前二。

2. 技术产权交易所

通过对北京产权交易所有限公司、武汉光谷联合产权交易所等11家技术产权交易所（中心）进行统计，2021年共促成技术交易2226项，成交额为385.0亿元。其中，北京产权交易所有限公司的技术合同项目成交额为215.7亿元，位居第一（表5-1）。

表 5-1　2021 年全国重点技术（产权）交易机构情况

技术（产权）交易机构名称	成交技术合同项目/项	成交金额/亿元					开展技术推广和交易活动/次	组织培训数/人次	从业人员/人
		总金额	其中：促成战略性新兴产业技术成交金额	其中：促成公共财政投入计划项目成交金额	其中：促成国际技术转移项目成交金额	其中：促成重大技术转移项目成交金额			
西安技术市场	61	122.1	0.0	0.0	0.0	0.0	8	21	7
湖北技术交易所	1972	69.3	40.6	11.4	0.0	58.5	70	15 600	39
上海技术交易所	248	30.5	30.3	14.9	0.0	0.0	81	112	84
忻州市科学技术市场	186	22.7	0.5	0.0	0.0	0.0	8	130	4
潍坊高新技术产业开发区技术交易服务中心	349	16.9	14.0	8.8	2.8	9.4	7	6	44
北海技术市场	45	15.8	6.4	0.0	0.0	15.8	6	376	20
中国技术交易所有限公司	72	7.3	0.0	0.0	0.0	0.0	17	15	67
中国钢研科技集团公司市场部	105	4.3	1.7	2.6	0.0	0.0	5	0	28
青岛市技术市场服务中心	60	3.2	3.2	0.0	2.2	2.0	136	379	14
北京软件和信息服务交易所有限公司	90	0.9	0.9	0.0	0.0	0.0	14	458	63
济宁市技术市场	53	0.7	0.2	0.3	0.0	0.1	22	240	11
咸阳市技术市场	61	0.4	0.0	0.0	0.0	0.0	12	3	28

第五部分 技术交易机构

续表

技术（产权）交易机构名称	成交技术合同项目/项	成交金额/亿元					开展技术推广和交易活动/次	组织培训数/人次	从业人员/人
		总金额	其中：促成战略性新兴产业技术成交金额	其中：促成公共财政投入计划项目成交金额	其中：促成国际技术转移项目成交金额	其中：促成重大技术转移项目成交金额			
新疆生产建设兵团常设技术市场	15	0.4	0.1	0.0	0.2	0.2	0	190	12
西安科技大市场有限公司	15	0.1	0.0	0.0	0.0	0.0	8	890	20
福州技术市场有限公司	18	0.0	0.0	0.0	0.0	0.0	4	753	10
小计	3350	294.5	97.8	38.0	5.1	86.0	398	19 173	451
北京产权交易所有限公司	237	215.7	32.4	0.0	3.8	211.8	45	3125	251
武汉光谷联合产权交易所	568	66.5	0.0	0.0	33.9	22.8	6	500	120
西南联合产权交易所有限责任公司	37	36.0	33.1	0.0	0.0	33.0	130	500	94
湖南省技术产权交易所	240	28.8	6.5	2.0	6.6	21.5	34	1405	17
鲁南技术产权交易中心	742	28.5	26.7	0.5	0.0	13.5	61	560	18
广州产权交易所广州技术产权交易中心	192	7.3	7.3	0.0	0.0	0.0	0	215	5
青岛技术产权交易所有限责任公司	151	1.7	1.1	0.0	0.0	0.5	7	198	8
长春技术产权交易中心	18	0.3	0.1	0.0	0.0	0.2	7	990	15
哈尔滨国际技术产权交易中心	27	0.2	0.0	0.0	0.0	0.0	36	160	20

续表

技术（产权）交易机构名称	成交技术合同项目/项	成交金额/亿元					开展技术推广和交易活动/次	组织培训数/人次	从业人员/人
		总金额	其中：促成战略性新兴产业技术成交金额	其中：促成公共财政投入计划项目成交金额	其中：促成国际技术转移项目成交金额	其中：促成重大技术转移项目成交金额			
福建省高新技术产权交易所有限公司	14	0.0	0.0	0.0	0.0	0.0	3	0	9
深圳联合产权交易所股份有限公司	0	0.0	0.0	0.0	0.0	0.0	0	0	141
小计	2226	385.0	107.3	2.5	44.4	303.4	329	7653	698
合计	5576	679.5	205.1	40.5	49.5	389.4	727	26 826	1149

二、国家技术转移机构

国家技术转移机构是为实现和加速科学知识、技术成果、科技信息和科技能力等系统知识从技术供给方向技术需求方转移，提供技术经纪、技术集成、技术评价和技术投融资等服务的机构，是技术转移体系的重要组成。截至 2021 年年底，全国共有各类技术转移机构 420 家，其中，399 家机构提供有效数据，全年促成技术转移项目 148 947 项，促成技术合同成交金额 1817.0 亿元。

1. 法人类型

399 家国家技术转移机构中，独立法人机构有 320 家，占比为 80.2%。其中，市场化运作的企业法人机构有 192 家，占比为 48.1%；事业法人机构有 118 家，占比为 29.6%；社团法人机构有 1 家，占比为 0.3%；民办非企业法人机构有 9 家，占比为 2.3%；企业法人和事业法人的内设法人机构有 79 家，占比为 19.8%（图 5-1）。

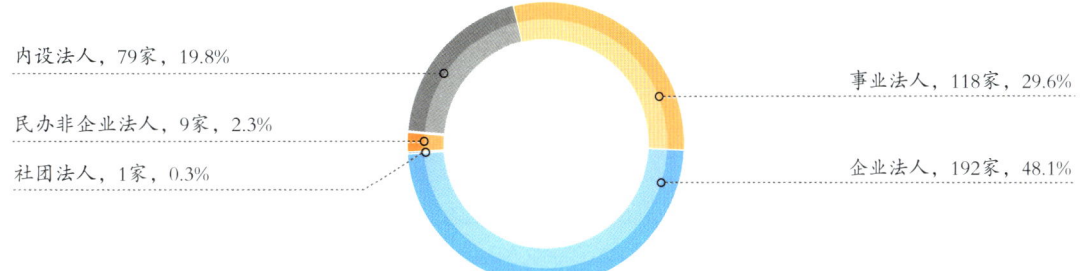

图 5-1　国家技术转移机构按法人类型划分

2. 机构类型

399 家技术转移机构中，按机构主体类型统计，依托高校的技术转移机构有 74 家，依托科研院所的技术转移机构有 36 家，政府所属的技术转移机构有 244 家，独立第三方市场化运作的技术转移机构有 39 家，技术（产权）交易技术转移机构有 6 家。高等院校、科研院所技术转移机构数量占比达到 27.5%。在依托高等院校的技术转移机构中，45 家为依托国家"211 工程"大学的机构，如清华大学、北京大学、浙江大学、上海交通大学等；在依托科研院所的技术转移机构中，中国科学院技术转移机构有 16 家，如中国科学院理化技术研究所、中国科学院计算技术研究所等；政府所属的技术转移机构主要包括技术转移中心、科技成果转化中心、科技开发中心等（图 5-2）。

图 5-2 国家技术转移机构按机构类型划分

3. 地域分布

399 家技术转移机构已在全国 28 个省（自治区、直辖市）（除海南、宁夏、西藏）、新疆生产建设兵团和 5 个计划单列市全面布局。其中，北京、江苏、广东创新资源最为丰富，技术转移最为活跃，机构数量分别为 50 家、44 家和 28 家，居全国前三。从地域分布看，东部地区机构数量为 225 家，占比为 56.4%；中部地区机构数量为 55 家，占比为 13.8%；西部地区机构数量为 84 家，占比为 21.1%；东北地区机构数量为 35 家，占比为 8.8%，整体分布情况与往年差异不大。其中，东部地区以其大学、科研机构数量多、研发能力强、技术交易活跃等优势，机构数量明显领先于中部地区、西部地区和东北地区（图 5-3、图 5-4、附表 14）。

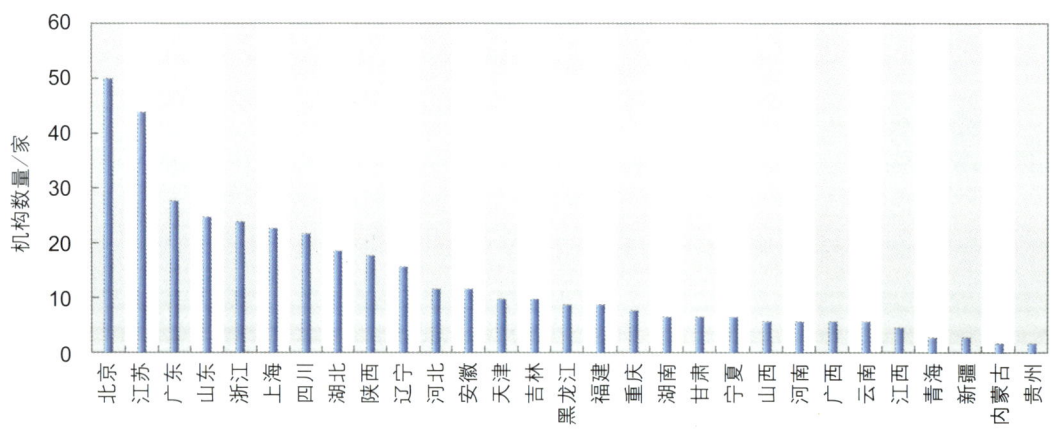

图 5-3 国家技术转移机构按省份分布

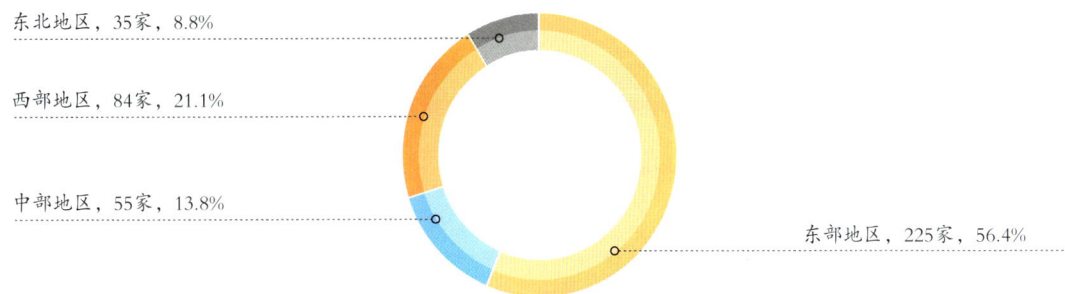

图 5-4　国家技术转移机构按地域划分

4. 人员构成

2021年，399家技术转移机构共有从业人员55 924人。获得技术经纪人资格的有4441人，占总人数的7.9%；大学本科及以上人员有45 631人，占总人数的81.6%；中级职称及以上人员有33 908人，占总人数的60.6%（图5-5）。

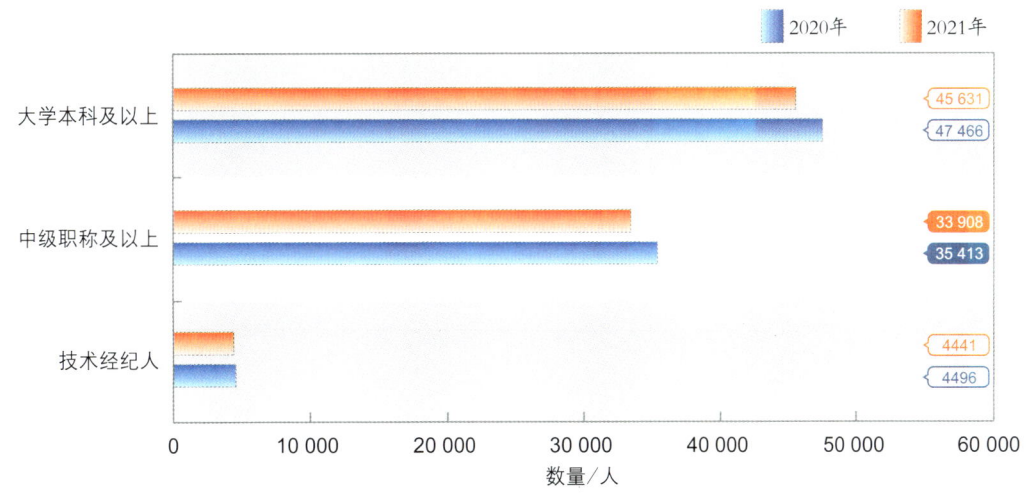

图 5-5　国家技术转移机构人员构成

5. 服务业绩

2021年，399家技术转移机构共促成技术转移项目148 947项，促成技术合同成交金额

1817.0亿元。其中，促成战略性新兴产业技术转移项目79 520项，成交金额为878.0亿元；促成公共财政投入计划项目成果转移数量25 047项，成交金额为203.2亿元；促成重大技术转移项目（1000万元以上）3284项，成交金额为732.2亿元；促成国际技术转移项目2004项，成交金额为84.4亿元（图5-6）。2021年，399家技术转移机构组织完成多种交易和培训活动，其中，组织技术交易活动16 126项次；组织技术转移培训382 950人次；服务企业281 227家；解决企业需求213 383次；当年获得专利授权154 613项，比上年增长16.9%。

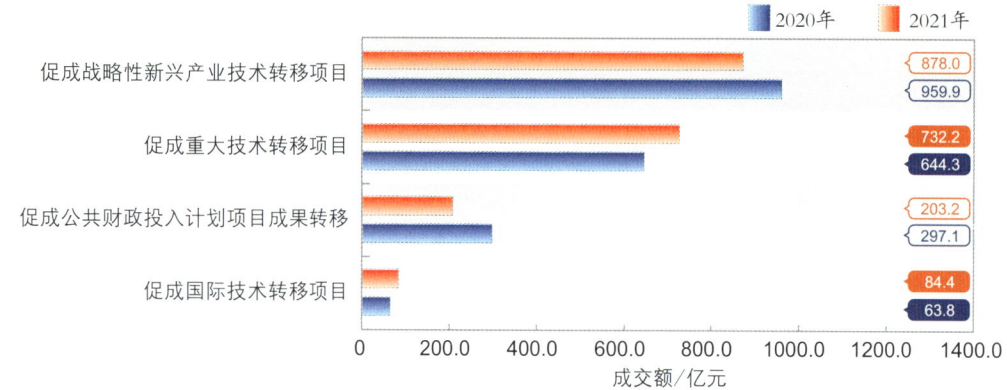

图5-6　国家技术转移机构促成项目成交情况

第六部分　附　表

附表 1　2012—2021 年全国技术合同成交情况

	2012 年	2013 年	2014 年	2015 年	2016 年	2017 年	2018 年	2019 年	2020 年	2021 年
合同数 / 项	282 242	294 929	297 037	307 132	320 437	367 586	411 985	484 077	549 353	670 506
成交总额 / 亿元	6437.1	7469.1	8577.2	9835.8	11 407.0	13 424.2	17 697.4	22 398.4	28 251.5	37 294.3

附表 2　2020—2021 年技术合同类型构成

合同类别	2020 年				2021 年			
	合同数 / 项	成交额			合同数 / 项	成交额		
		金额 / 亿元	增长 /%	占比 /%		金额 / 亿元	增长 /%	占比 /%
技术开发	217 580	8874.1	23.7	31.4	256 356	11 673.9	31.6	31.3
技术转让	23 243	2397.7	9.5	8.5	34 317	3246.6	35.4	8.7
技术咨询	36 151	1104.6	79.9	3.9	44 650	951.2	−13.9	2.6
技术服务	272 379	15 875.2	27.8	56.2	335 183	21 422.7	34.9	57.4
合计	549 353	28 251.5	26.1	100.0	670 506	37 294.3	32.0	100.0

附表 3　2021 年全国技术合同技术领域构成

技术领域	合同数		成交额		
	项数 / 项	增长 /%	金额 / 亿元	增长 /%	占比 /%
电子信息	227 044	18.5	8498.7	34.4	22.8
城市建设与社会发展	93 146	33.6	7628.2	38.6	20.5
先进制造	90 183	47.4	5819.3	38.7	15.6
生物、医药和医疗器械	57 147	24.3	2235.6	26.4	6.0

续表

技术领域	合同数		成交额		
	项数/项	增长/%	金额/亿元	增长/%	占比/%
环境保护与资源综合利用	47 503	41.0	2374.5	28.6	6.4
新能源与高效节能	42 399	−29.6	3009.1	5.4	8.1
农业	45 548	50.1	888.6	18.8	2.4
新材料及其应用	35 408	29.2	2079.5	70.4	5.6
现代交通	17 561	9.0	3955.6	21.5	10.6
航空航天	14 012	11.4	740.5	61.5	2.0
核应用	555	6.1	64.9	−16.8	0.2
合计	670 506	22.1	37 294.3	32.0	100.0

附表4　2021年重大技术合同构成

	构成	合同数/项	成交额/亿元	占比/%
合同类别	技术服务	17 001	18 034.9	60.7
	技术开发	12 477	8272.0	27.8
	技术转让	2941	2778.3	9.3
	技术咨询	776	643.2	2.2
	合计	33 195	29 728.3	100.0
技术领域	城市建设与社会发展	5055	6872.7	23.1
	电子信息	7426	6229.7	21.0
	航空航天	1204	575.8	1.9
	核应用	58	58.7	0.2
	环境保护与资源综合利用	2136	1943.6	6.5
	农业	1259	445.6	1.5
	生物、医药和医疗器械	2639	1632.2	5.5
	先进制造	6801	4141.1	13.9

续表

构成		合同数/项	成交额/亿元	占比/%
技术领域	现代交通	1745	3757.3	12.6
	新材料及其应用	2335	1551.6	5.2
	新能源与高效节能	2537	2520.0	8.5
	合计	33 195	29 728.3	100.0
知识产权	集成电路布图设计专有权	107	64.3	0.2
	技术秘密	5250	5107.0	17.2
	计算机软件著作权	2077	1312.7	4.4
	设计著作权	175	176.1	0.6
	生物、医药新品种	311	162.4	0.5
	未涉及知识产权	20 718	18 029.7	60.6
	植物新品种	55	19.7	0.1
	专利	4502	4856.5	16.3
	合计	33 195	29 728.3	100.0

附表5　2020—2021年全国输出技术成交情况

卖方地区	合同数/项			成交额/亿元		
	2020年	2021年	增长/%	2020年	2021年	增长/%
北京	84 451	93 563	10.8	6316.2	7005.7	10.9
天津	9685	12 048	24.4	1089.6	1256.8	15.4
河北	7468	11 739	57.2	555.0	747.3	34.7
山西	1059	1424	34.5	45.0	134.5	199.0
内蒙古	1494	1524	2.0	36.0	41.1	14.4
辽宁	17 301	18 526	7.1	632.8	755.1	19.3
其中：沈阳	8019	7886	−1.7	304.1	336.2	10.6
大连	7582	8254	8.9	249.8	323.9	29.7

续表

卖方地区	合同数/项			成交额/亿元		
	2020年	2021年	增长/%	2020年	2021年	增长/%
吉林	5361	3777	−29.5	462.2	108.1	−76.6
其中：长春	4772	3260	−31.7	451.6	99.0	−78.1
黑龙江	5126	6958	35.7	265.2	350.1	32.0
其中：哈尔滨	3293	4140	25.7	213.0	263.1	23.5
上海	26 356	36 450	38.3	1583.2	2545.5	60.8
江苏	56 916	81 982	44.0	2087.8	2606.2	24.8
其中：南京	26 206	35 188	34.3	676.3	716.0	5.9
浙江	25 725	36 970	43.7	1403.3	1855.8	32.2
其中：杭州	11 247	14 611	29.9	336.1	424.5	26.3
宁波	3184	3729	17.1	167.2	224.4	34.3
安徽	16 667	23 729	42.4	659.6	1787.7	171.0
福建	10 753	16 121	49.9	163.5	196.8	20.3
其中：厦门	5727	6990	22.1	108.8	115.3	6.0
江西	4084	6536	60.0	233.4	409.4	75.4
山东	73 639	48 029	−34.8	1903.9	2477.8	30.1
其中：济南	10 108	12 051	19.2	331.4	409.8	23.7
青岛	7547	5498	−27.1	270.8	309.3	14.2
河南	11 717	17 630	50.5	379.8	607.3	59.9
湖北	39 420	54 148	37.4	1665.8	2090.8	25.5
其中：武汉	23 552	31 529	33.9	932.1	1105.3	18.6
湖南	11 741	17 720	50.9	735.9	1261.3	71.4
广东	39 485	48 857	23.7	3267.2	4099.6	25.5
其中：广州	22 436	24 977	11.3	2089.1	2338.1	11.9
深圳	11 797	15 364	30.2	1043.9	1633.2	56.5

续表

卖方地区	合同数/项			成交额/亿元		
	2020年	2021年	增长/%	2020年	2021年	增长/%
广西	3404	6335	86.1	91.7	940.6	926.1
海南	529	1042	97.0	20.2	28.4	40.7
重庆	3515	7194	104.7	117.8	184.5	56.7
四川	20 415	18 443	−9.7	1244.6	1388.7	11.6
其中：成都	16 943	14 071	−17.0	1144.5	1189.4	3.9
贵州	3437	5592	62.7	249.1	289.3	16.1
云南	3325	4978	49.7	49.9	106.1	112.4
西藏	67	101	50.7	0.8	1.7	121.9
陕西	52 035	68 951	32.5	1758.7	2343.4	33.2
其中：西安	49 545	65 684	32.6	1648.6	2209.5	34.0
甘肃	7403	10 176	37.5	233.2	280.4	20.3
青海	1073	1275	18.8	10.6	14.1	33.5
宁夏	1864	3125	67.7	16.8	25.1	49.3
新疆	741	1819	145.5	9.0	18.9	109.1
港澳台	315	369	17.1	33.3	59.9	80.1
国外	2782	3375	21.3	930.5	1276.3	37.2
合计	549 353	670 506	22.1	28 251.5	37 294.3	32.0

附表6 2020—2021年全国吸纳技术成交情况

买方地区	合同数/项			成交额/亿元		
	2020年	2021年	增长/%	2020年	2021年	增长/%
北京	65 548	71 405	8.9	3128.6	3439.1	9.9
天津	8466	9886	16.8	617.0	599.6	−2.8
河北	12 070	15 769	30.6	706.7	1154.1	63.3

续表

买方地区	合同数/项			成交额/亿元		
	2020年	2021年	增长/%	2020年	2021年	增长/%
山西	5171	6069	17.4	332.3	489.3	47.2
内蒙古	7346	6561	−10.7	251.1	376.9	50.1
辽宁	14 984	16 264	8.5	406.6	511.0	25.7
其中：沈阳	4997	5895	18.0	146.9	161.8	10.1
大连	6599	6532	−1.0	76.4	142.9	87.1
吉林	5565	5218	−6.2	529.6	218.4	−58.8
其中：长春	4050	3695	−8.8	362.8	170.1	−53.1
黑龙江	6135	7879	28.4	189.9	242.9	27.9
其中：哈尔滨	3463	4025	16.2	114.5	121.2	5.8
上海	28 913	37 962	31.3	1162.8	1422.2	22.3
江苏	53 679	75 702	41.0	2217.0	2812.0	26.8
其中：南京	17 755	22 629	27.5	594.8	798.0	34.2
浙江	31 592	42 398	34.2	1568.6	2135.9	36.2
其中：杭州	11 828	15 580	31.7	444.8	653.4	46.9
宁波	4849	5987	23.5	314.2	309.2	−1.6
安徽	18 308	25 690	40.3	737.9	1881.6	155.0
福建	11 886	17 634	48.4	513.7	630.0	22.6
其中：厦门	4559	5272	15.6	60.8	87.5	43.9
江西	5651	9278	64.2	344.6	596.1	73.0
山东	67 270	47 955	−28.7	2048.5	2564.2	25.2
其中：济南	9558	9202	−3.7	514.0	476.7	−7.3
青岛	6303	5872	−6.8	325.4	310.5	−4.6
河南	13 660	19 047	39.4	536.7	782.8	45.9
湖北	25 232	38 641	53.1	1403.5	1600.9	14.1

续表

买方地区	合同数/项			成交额/亿元		
	2020年	2021年	增长/%	2020年	2021年	增长/%
其中：武汉	13 353	17 414	30.4	788.9	704.2	-10.7
湖南	10 777	16 726	55.2	523.6	922.0	76.1
广东	56 009	71 428	27.5	4306.3	5490.6	27.5
其中：广州	16 845	19 490	15.7	1633.1	1446.9	-11.4
深圳	21 331	28 668	34.4	1631.5	2488.6	52.5
广西	6337	9932	56.7	474.0	1254.0	164.6
海南	2211	2975	34.6	79.8	261.0	226.9
重庆	5673	9548	68.3	225.5	518.0	129.7
四川	20 050	20 947	4.5	875.6	1263.8	44.3
其中：成都	13 006	13 275	2.1	521.0	664.4	27.5
贵州	6062	8160	34.6	556.1	599.9	7.9
云南	6277	7904	25.9	332.4	700.3	110.7
西藏	1073	1096	2.1	81.2	198.9	145.1
陕西	28 879	38 463	33.2	941.1	1357.3	44.2
其中：西安	20 108	29 112	44.8	661.6	962.8	45.5
甘肃	8525	10 941	28.3	235.6	371.8	57.8
青海	2291	2642	15.3	84.2	83.2	-1.3
宁夏	3315	4950	49.3	113.5	104.2	-8.2
新疆	4973	5578	12.2	273.5	263.5	-3.7
港澳台	1304	1659	126.9	262.0	313.5	19.7
国外	4121	4199	1.9	2192.2	2135.7	-2.6
合计	549 353	670 506	22.1	28 251.5	37 294.3	32.0

附表 7　2021 年全国技术合同知识产权构成

知识产权		合同数		成交额		
		项数 / 项	增长 /%	金额 / 亿元	增长 /%	占比 /%
技术秘密		102 099	9.0	6339.1	17.8	17.0
专利	合计	43 926	42.3	5440.3	43.5	14.6
	发明专利	27 988	39.8	3061.9	31.6	8.2
	实用新型专利	15 292	46.6	2351.5	64.7	6.3
	外观设计专利	646	56.4	26.9	−27.0	0.1
计算机软件著作权		61 594	18.6	1952.3	31.7	5.2
植物新品种权		2081	44.7	37.2	52.6	0.1
集成电路布图设计专有权		773	−8.1	75.4	−43.8	0.2
生物、医药新品种权		4732	27.8	224.5	−20.9	0.6
设计著作权		3581	0.8	214.0	35.5	0.6
未涉及知识产权		451 720	24.3	23 011.7	35.4	61.7
合计		670 506	22.1	37 294.3	32.0	100.0

附表 8　2012—2021 年各类技术合同平均每项成交额

单位：万元

合同类别	2012 年	2013 年	2014 年	2015 年	2016 年	2017 年	2018 年	2019 年	2020 年	2021 年
技术开发	175.5	180.2	198.0	198.6	234.2	280.2	326.4	362.3	407.9	455.4
技术转让	860.9	918.4	909.8	1146.9	1280.6	838.6	1046.6	1291.1	1031.6	946.1
技术咨询	46.1	59.9	87.5	78.4	191.6	168.0	189.3	196.7	305.5	213.0
技术服务	300.2	353.6	394.4	471.3	434.0	411.3	517.0	522.2	582.8	639.1
单项合同平均成交额	228.1	253.3	288.8	320.3	356.0	365.2	429.6	462.7	514.3	556.2

附表9 2021年各类卖方机构成交情况

卖方类别		合同数		成交额		
		项数/项	增长/%	金额/亿元	增长/%	占比/%
机关法人		1806	−16.4	232.7	1.5	0.6
事业法人	合计	224 866	42.9	2265.2	19.3	6.1
	科研机构	77 485	45.9	1218.2	9.6	3.3
	高等院校	127 252	40.1	790.4	40.9	2.1
	医疗、卫生	6917	12.1	41.9	−5.9	0.1
	其他	13 212	82.6	214.7	18.2	0.6
社团法人		1180	−6.4	24.7	−34.7	0.1
企业法人	合计	437 896	13.6	34 550.6	33.8	92.6
	港澳台商投资企业	4482	6.8	878.9	54.1	2.4
	个体经营	4933	48.3	169.2	79.4	0.5
	境外企业	3391	25.9	1162.6	32.4	3.1
	内资企业	413 859	13.6	30 580.4	35.6	82.0
	外商投资企业	11 231	2.6	1759.5	1.7	4.7
自然人		2781	88.4	104.0	83.0	0.3
其他组织		1977	13.9	117.1	−41.4	0.3
合计		670 506	22.1	37 294.3	32.0	100.0

附表 10　2021 年各类技术合同构成

合同类别		合同数		成交额		
		项数 / 项	增长 /%	金额 / 亿元	增长 /%	占比 /%
技术开发	合计	256 356	17.8	11 673.9	31.6	31.3
	委托开发	241 183	19.4	9960.1	35.6	26.7
	合作开发	15 173	−3.0	1713.8	12.2	4.6
技术转让	合计	34 317	47.6	3246.6	35.4	8.7
	集成电路布图设计专有权转让	15	−79.2	0.5	−85.3	0.0
	技术秘密转让	9533	35.8	1438.7	69.3	3.9
	计算机软件著作权转让	1684	46.2	79.0	3.2	0.2
	其他	405	252.2	87.8	−2.7	0.2
	设计著作权转让	38	−62.0	1.7	−56.0	0.0
	生物、医药新品种权转让	190	−26.9	49.4	−34.2	0.1
	植物新品种权转让	961	27.6	20.2	107.3	0.1
	专利权转让	12 548	46.8	524.3	14.7	1.4
	专利申请权转让	754	32.5	86.5	433.7	0.2
	专利实施许可转让	8189	76.0	958.4	17.5	2.6
技术咨询		44 650	23.5	951.2	−13.9	3.0
技术服务	合计	335 183	23.1	21 422.7	34.9	57.4
	一般性技术服务	331 585	23.2	21 345.4	35.0	57.2
	技术中介	1339	56.4	15.0	122.8	0.0
	技术培训	2259	−4.5	62.2	1.3	0.2
总计		670 506	22.1	37 294.3	32.0	100.0

附表 11　2021 年全国技术合同社会—经济目标构成

社会—经济目标	合同数		成交额		
	项数 / 项	增长 /%	成交额 / 亿元	增长 /%	占比 /%
地球和大气层的探索与利用	1226	39.8	16.0	27.0	0.0
非定向研究	34 063	49.9	1907.3	29.7	5.1
工商业发展	82 304	38.4	6227.5	47.4	16.7
国防	18 051	18.4	675.8	58.4	1.8
环境保护、生态建设及污染防治	40 251	33.9	2320.6	41.0	6.2
基础设施及城市和农村规划	31 007	5.6	6045.1	34.1	16.2
教育事业发展	13 313	5.2	196.2	2.1	0.5
民用空间探测及开发	2197	1.2	88.0	35.3	0.2
能源生产、分配和合理利用	40 110	−27.3	2711.6	5.0	7.3
农林牧渔业发展	44 915	50.2	861.3	20.0	2.3
其他民用目标	123 683	37.8	6083.6	39.3	16.3
社会发展和社会服务	201 848	17.8	8773.9	28.3	23.5
卫生事业发展	37 538	22.5	1387.2	15.3	3.7
合计	670 506	22.1	37 294.3	32.0	100.0

附表 12　2021 年全国技术合同计划项目构成

	计划类别	合同数/项	成交额/亿元	占比/%
	合计	11 220	384.0	1.0
国家科技计划	高技术研究发展计划（863 计划）	203	7.8	0.0
	国际科技合作计划	13	0.5	0.0
	国际热核聚变实验堆（ITER）计划专项	2	0.1	0.0
	国家科技支撑计划	66	14.9	0.0
	国家科技重大专项	452	74.8	0.2
	国家农业科技成果转化资金	8	0.1	0.0
	国家软科学研究计划	6	0.1	0.0
	国家重点新产品计划	155	9.8	0.0
	火炬计划	37	1.2	0.0
	基础研究计划（973 计划）、国家重大科学研究计划	83	7.0	0.0
	科技富民强县专项行动计划	2	0.1	0.0
	科技惠民计划	18	1.2	0.0
	科技基础条件平台建设	30	0.3	0.0
	科技兴贸行动计划	1	0.0	0.0
	科技型中小企业技术创新基金	94	2.7	0.0
	科研院所技术开发研究专项资金	64	1.1	0.0
	其他	5472	221.0	0.6
	星火计划	4	0.1	0.0
	自然科学基金	4510	41.4	0.1
	部门计划	7005	480.2	1.3
	省（自治区、直辖市）及计划单列市计划	27 935	2331.8	6.3
	地市县计划	36 752	2443.9	6.6
	计划外	585 827	31 634.2	84.8
	师市、院校计划	1767	20.2	0.1
	合计	670 506	37 294.3	100.0

附表13 2021年全国技术合同买卖方成交情况

单位：亿元

买方类别	卖方类别	机关法人	其他组织	企业法人	社团法人	事业法人	自然人	合计
自然人	成交额	0.0	0.0	63.2	0.0	3.9	10.2	77.3
	合同数	2	3	2084	3	1522	275	3889
其他组织	成交额	0.1	12.9	494.9	0.5	76.6	0.1	585.0
	合同数	13	152	4741	12	2677	14	7609
事业法人	成交额	1.6	0.7	1333.4	0.6	409.4	1.4	1747.2
	合同数	153	122	40 977	59	44 579	118	86 008
社团法人	成交额	0.6	0.1	26.7	0.3	2.8	0.1	30.7
	合同数	9	3	1091	14	790	13	1920
企业法人	成交额	160.8	91.7	28 695.4	21.4	1341.5	66.8	30 377.6
	合同数	621	1452	343 114	964	150 277	1682	498 110
机关法人	成交额	69.5	11.6	3937.0	2.0	430.8	25.4	4476.4
	合同数	1008	245	45 889	128	25 021	679	72 970
合计	成交额	232.7	117.1	34 550.6	24.7	2265.2	104.0	37 294.3
	合同数	1806	1977	437 896	1180	224 866	2781	670 506

附表14 2021年各类买方机构成交情况

买方类别		合同数		成交额		
		项数/项	增长/%	金额/亿元	增长/%	占比/%
机关法人		72 970	17.5	4476.4	25.9	12.0
事业法人	合计	86 008	17.7	1747.2	12.4	4.7
	高等院校	18 194	28.1	129.4	−11.3	0.3
	科研机构	32 586	20.4	507.0	23.2	1.4
	其他	27 658	9.1	999.4	7.7	2.7
	医疗、卫生	7570	17.8	111.3	61.7	0.3

续表

买方类别		合同数		成交额		
		项数/项	增长/%	金额/亿元	增长/%	占比/%
社团法人		1920	-6.1	30.7	-28.1	0.1
企业法人	合计	498 110	23.9	30 377.6	33.4	81.5
	港澳台商投资企业	6734	29.8	975.6	51.0	2.6
	个体经营	9241	6.8	245.4	71.1	0.7
	境外企业	19 347	27.0	3406.4	16.0	9.1
	内资企业	448 854	24.3	24 393.1	38.0	65.4
	外商投资企业	13 934	17.6	1357.1	-0.6	3.6
自然人		3889	-4.0	77.3	13.0	0.2
其他组织		7609	25.8	585.0	121.7	1.6
合计		670 506	22.1	37 294.3	32.0	100.0

附表15 国家技术转移机构名单

省份	机构序号	机构名称
北京	1	北京北航先进工业技术研究院有限公司
	2	北京北化大科技园有限公司
	3	北京北林先进生态环保技术研究院有限公司
	4	北京产权交易所有限公司
	5	北京大学科技开发部
	6	北京大学医学部技术转移办公室
	7	北京海淀中科计算技术转移中心
	8	北京海外学人科技发展中心
	9	北京恒冠国际科技服务有限公司
	10	北京华创阳光医药科技发展有限公司（中国医药科技成果转化中心）

续表

省份	机构序号	机构名称
北京	11	北京华国昆仑科技有限公司
	12	北京华清科创科技开发有限公司
	13	北京化工大学科学技术发展研究院
	14	北京机科国创轻量化科学研究院有限公司
	15	北京技术交易促进中心
	16	北京交通大学技术转移中心
	17	北京科技大学国际高技术中心
	18	北京科技大学设计研究院有限公司
	19	北京科信必成医药科技发展有限公司
	20	北京矿冶科技集团有限公司
	21	北京理工大学技术转移中心
	22	北京软件和信息服务交易所有限公司
	23	北京市农林科学院科技产业办公室
	24	北京中农博乐科技开发有限公司（中国农科院饲料所技术转移中心）
	25	华北电力大学技术转移中心
	26	化工行业生产力促进中心
	27	科威国际技术转移有限公司
	28	清华大学国家技术转移中心
	29	全国农业科技成果转移服务中心（中国农业科学院技术转移中心）
	30	先进制造北京技术转移中心（北京工大智源科技发展有限公司）
	31	新医药北京市技术转移中心
	32	中北国技（北京）科技有限公司
	33	中材集团科技开发中心有限公司
	34	中关村能源与安全科技园
	35	中国兵器工业新技术推广研究所

续表

省份	机构序号	机构名称
北京	36	中国纺织信息中心
	37	中国钢研科技集团公司市场部
	38	中国航天系统工程有限公司
	39	中国技术供需在线平台［华教联创（北京）科技有限公司］
	40	中国技术交易所有限公司
	41	中国科学院北京国家技术转移中心
	42	中国科学院过程工程所科技开发处
	43	中国科学院计算技术研究所技术发展中心
	44	中国科学院理化技术研究所产业策划部
	45	中国科学院微电子研究所
	46	中国科学院微生物研究所技术转移转化中心
	47	中国科学院自动化研究所技术转移中心
	48	中国农业大学技术转移中心
	49	中国中医药科技开发交流中心
	50	中科合创（北京）科技成果评价中心
	51	中蔬种业科技（北京）有限公司
天津	1	高校科技创新成果转化中心
	2	国家粳稻工程技术研究中心
	3	南开大学科学技术研究部
	4	天津大学技术转移中心
	5	天津国际生物医药联合研究院
	6	天津化工研究设计院国家工业水处理技术研究推广中心
	7	天津市科技创新发展中心
	8	天津市科学技术发展战略研究院
	9	天津市天大银泰科技有限公司

续表

省份	机构序号	机构名称
天津	10	天津泰普医药知识产权流转储备中心有限公司
河北	1	国欣棉花技术转移中心
	2	河北大学技术转移中心
	3	河北工程大学科技开发中心
	4	河北工业大学技术转移中心
	5	河北科技大学技术转移中心
	6	河北农业大学技术转移中心
	7	河北省科技成果转化服务中心
	8	河北省协同创新中心
	9	廊坊技术转移中心
	10	秦皇岛燕山大学科技开发总公司
	11	石家庄铁道大学技术转移中心
	12	中国科学院唐山高新研究与转化中心
	13	中科廊坊科技谷有限公司
山西	1	山西省科协企业创新服务中心
	2	山西转型综改示范区成果转化促进服务中心
	3	太原技术转移促进中心
	4	太原科创生物技术公共服务平台有限公司
	5	忻州市科学技术市场
	6	中国辐射防护研究院技术转化推广中心
内蒙古	1	包头稀土高新区技术转移中心
	2	内蒙古真金种业科技有限公司
辽宁	1	东北大学技术转移中心有限公司
	2	辽宁工程技术大学技术转移中心
	3	辽宁科技大学技术转移中心

续表

省份	机构序号	机构名称
辽宁	4	辽宁科技学院兴科中小企业服务中心
	5	煤科集团沈阳研究院有限公司技术转移中心
	6	沈阳工业大学风能技术研究所
	7	沈阳化工研究院有限公司
	8	沈阳建筑大学技术转移中心
	9	中国科学院金属研究所可视化热加工技术转移示范中心
	10	中国科学院沈阳国家技术转移中心
吉林	1	吉林大学工业技术研究总院
	2	吉林省创新医药公共服务平台有限责任公司
	3	吉林省科技开发交流中心
	4	长春工业大学技术转移中心
	5	长春技术产权交易中心
	6	长春市科技信息研究所
	7	长春中俄科技园
	8	中国科学院长春光机所精密仪器与装备研发中心
	9	中国科学院长春技术转移中心
	10	中国科学院长春应用化学研究所技术转移转化中心
黑龙江	1	大庆市科技专利成果转化中心
	2	哈尔滨船大工程技术设计研究院
	3	哈尔滨工业大学科学与工业技术研究院
	4	哈尔滨国际技术产权交易中心
	5	哈尔滨理工大学科技园发展有限公司
	6	黑龙江省对外科技合作中心
	7	黑龙江省科技成果转化中心
	8	黑龙江省农垦科学院科技情报研究所

续表

省份	机构序号	机构名称
黑龙江	9	黑龙江省农业科学院佳木斯分院
	10	黑龙江省润特科技有限公司
	11	中国科学院哈尔滨产业技术创新与育成中心
上海	1	东华大学现代纺织研究院
	2	复旦大学技术转移中心
	3	华东理工大学国家技术转移中心
	4	上海船舶研究设计院
	5	上海创新节能技术促进中心
	6	上海得民颂信息科技发展有限公司
	7	上海电机系统节能工程技术研究中心
	8	上海电缆研究所有限公司
	9	上海电力大学技术转移中心
	10	上海化工研究院技术转移中心
	11	上海技术交易所
	12	上海交大技术转移中心
	13	上海交通大学先进产业技术研究院
	14	上海科威国际技术转移中心有限公司
	15	上海科学技术交流中心
	16	上海理工技术转移有限公司
	17	上海盛知华知识产权服务有限公司
	18	上海市科技创业中心（上海市火炬高技术产业开发中心、上海市高新技术成果转化服务中心）
	19	上海市生物医药科技产业促进中心
	20	上海市知识产权服务中心
	21	同济大学技术转移中心

续表

省份	机构序号	机构名称
上海	22	中国科学院上海国家技术转移中心
	23	中国医药工业研究总院
江苏	1	APEC技术转移中心
	2	常熟紫金知识产权服务有限公司
	3	常州大学技术转移中心
	4	河海大学技术转移中心
	5	江南大学技术转移中心
	6	江苏佰腾科技有限公司
	7	江苏大学技术转移中心
	8	江苏国际技术转移中心（江苏矽太信息科技有限公司）
	9	江苏科技大学技术转移中心
	10	江苏理工学院技术转移中心
	11	江苏省对外科学技术交流中心
	12	江苏省高新技术创业服务中心
	13	江苏省农业科学院
	14	江苏师范大学技术转移中心
	15	江苏物联网研究发展中心
	16	昆山市工业技术研究院有限责任公司
	17	南京大学技术转移中心
	18	南京东南大学技术转移中心有限公司
	19	南京工程学院技术转移中心
	20	南京工业大学技术转移中心
	21	南京航空航天大学科技成果转化服务中心
	22	南京理工大学技术转移中心
	23	南京林业大学技术转移中心

续表

省份	机构序号	机构名称
江苏	24	南京农业大学技术转移中心
	25	南京师范大学技术转移中心
	26	南京市科技成果转化服务中心
	27	南京信息工程大学技术转移中心
	28	南京邮电大学国家大学科技园
	29	南京中医药大学技术转移中心
	30	南通大学技术转移中心
	31	南通市通州区家纺产业发展服务中心
	32	苏州大学技术转移中心
	33	苏州市金桥科技服务有限公司
	34	苏州中科院产业技术创新与育成中心
	35	盐城工学院技术转移中心
	36	扬州大学技术转移中心
	37	扬州国际技术转移中心有限公司
	38	浙江大学昆山创新中心
	39	浙江大学苏州工业技术研究院
	40	中国科学院常州先进制造技术研发与产业化中心
	41	中国科学院南京高新技术研发及产业化中心
	42	中国科学院泰州应用技术研发及产业化中心
	43	中国科学院扬州应用技术研发与产业化中心
	44	中国矿业大学大学科技园有限责任公司
	45	中国矿业大学技术转移中心
浙江	1	杭州枫惠科技咨询有限公司
	2	杭州高新技术成果产业化服务有限公司
	3	杭州科畅科技咨询有限公司

续表

省份	机构序号	机构名称
浙江	4	杭州绿纽信息科技有限公司
	5	杭州市生产力促进中心
	6	湖州市南太湖科技创新中心
	7	金华市科学技术开发中心
	8	温州市科技创新服务中心
	9	义乌市思特科技信息咨询有限公司
	10	浙江大学技术转移中心
	11	浙江火炬星火科技发展有限公司
	12	浙江理工大学科技服务中心
	13	浙江省科技交流和人才服务中心
	14	浙江省科技评估和成果转化中心
	15	浙江天科高新技术发展有限公司
	16	浙江长三角与欧洲波罗的海国际技术转移中心
	17	中纺院（浙江）技术研究院有限公司
	18	中国科学院湖州应用技术研究与产业化中心
	19	中国科学院嘉兴应用技术研究与转化中心
	20	中国科学院台州应用技术研发与产业化中心
安徽	1	安徽农业大学技术转移中心
	2	安徽三祥技术咨询有限公司
	3	安徽省科技成果转化服务中心
	4	安徽省新技术推广站
	5	安徽祥源科技股份有限公司
	6	蚌埠市科技情报所
	7	合肥工业大学技术转移中心
	8	合肥科技创新创业服务中心

续表

省份	机构序号	机构名称
安徽	9	合肥市科技创新公共服务中心
	10	芜湖市产业创新中心
	11	中国科学技术大学技术转移中心
	12	中国科学院合肥技术创新工程院
福建	1	福建农林大学海峡创业育成中心
	2	福建省高新技术产权交易所有限公司
	3	福建省工研苑塑胶技术研发有限公司
	4	福建省科学技术咨询服务中心
	5	福州大学科学技术开发中心（福州大学科学技术开发部）
	6	福州技术市场有限公司
	7	联合国南南合作网示范基地（福建省技术转移中心）
	8	中国科学院海西育成中心
江西	1	赣州市企业技术创新促进中心有限公司
	2	国家日用及建筑陶瓷工程技术研究中心
	3	江西省科技咨询服务中心
	4	江西师大科技园发展有限公司
	5	南昌大学科技园发展有限公司
山东	1	光阳工程技术有限公司
	2	济南市产学研协作管理服务中心
	3	济宁市技术市场
	4	鲁南技术产权交易中心
	5	齐鲁工业大学技术转移中心
	6	山东百诺医药股份有限公司
	7	山东大学技术转移中心
	8	山东建研科技发展有限公司

续表

省份	机构序号	机构名称
山东	9	山东力创科技股份有限公司
	10	山东省科学院高新技术产业（中试）基地（山东省科学院留学人员创业园）
	11	山东省药学科学院
	12	山东省医学科学院药物研究所
	13	潍坊高新技术产业开发区技术交易服务中心
	14	兖矿水煤浆气化及煤化工国家工程研究中心有限公司
	15	中国科学院山东综合技术转化中心
河南	1	河南省863软件孵化器有限公司
	2	河南省科学技术信息研究院
	3	河南省中国科学院科技成果转移转化中心
	4	洛阳大学科技园发展有限公司
	5	郑州高新区大学科技园发展有限公司
	6	郑州市科学技术开发中心
湖北	1	湖北工业大学成果转化中心
	2	湖北航天化学技术研究所
	3	湖北技术交易所
	4	湖北君诚工程咨询有限公司
	5	湖北省机电研究设计院
	6	湖北长大科技开发有限公司
	7	湖北中科博策新材料研究院
	8	华中科技大学国家技术转移中心
	9	华中农业大学新农村建设研究院
	10	三峡大学技术转移中心
	11	武汉大学技术转移中心
	12	武汉工程大学成果转化中心

续表

省份	机构序号	机构名称
湖北	13	武汉光谷联合产权交易所
	14	武汉光谷新药孵化公共服务平台有限公司
	15	武汉科技成果转化服务中心
	16	武汉生物技术研究院
	17	武汉信息技术外包服务与研究中心
	18	中钢集团武汉安全环保研究院有限公司安全环保技术推广中心
	19	中国地质大学知识产权与技术转移中心
	20	中国科学院湖北产业技术创新与育成中心
湖南	1	阿凡提信息科技（湖南）股份有限公司
	2	湖南大学科技成果与知识产权管理办公室
	3	湖南省技术产权交易所
	4	湖南湘潭大学生科技创业园有限公司
	5	长沙技术产权交易所有限公司
	6	长沙新技术创业服务中心
	7	中国科学院湖南技术转移中心
	8	中南大学技术转移中心
	9	株洲市技术转移促进中心
广东	1	电子科技大学广东电子信息工程研究院
	2	东莞深圳清华大学研究院创新中心
	3	东莞中国科学院云计算产业技术创新与育成中心
	4	佛山中国科学院产业技术研究院
	5	广东华中科技大学工业技术研究院
	6	广东省农业技术转移与扩散中心
	7	广东省微生物研究所
	8	广东省自动化与信息技术转移中心

续表

省份	机构序号	机构名称
广东	9	广州博士信息技术研究院有限公司
	10	广州产权交易所广州技术产权交易中心
	11	广州现代产业技术研究院
	12	广州中国科学院工业技术研究院
	13	华南理工大学工业技术研究总院
	14	中国科学院广州技术转移中心
	15	中国科学院广州能源研究所
	16	中国科学院广州生物医药与健康研究院
	17	中山大学技术转移中心
	18	中山康方生物医药有限公司
	19	中山市北京理工大学研究院
	20	中山市工业技术研究中心
广西	1	北海技术市场
	2	广西博士海意信息科技有限公司
	3	广西东盟技术转移中心
	4	桂林电器科学研究院有限公司
	5	钦州市技术转移中心
	6	中国科技开发院广西分院
重庆	1	中国科学院重庆绿色智能技术研究院
	2	重庆工业服务港投资管理有限公司
	3	重庆科技成果转化促进会
	4	重庆科技检测中心
	5	重庆市科技信息中心
	6	重庆市科协科技服务中心
	7	重庆市科学技术研究院重庆技术评估与转移服务中心

续表

省份	机构序号	机构名称
重庆	8	重庆市农业科学院
四川	1	成都科技服务集团有限公司
	2	成都生产力促进中心
	3	成都天河中西医科技保育有限公司
	4	成都西南交大技术转移中心有限公司
	5	成都西南交大科技园管理有限责任公司
	6	成都西南石油大学科技园发展有限公司
	7	电子科技大学科学技术发展研究院
	8	海天水务集团股份公司技术转移中心
	9	绵阳市农业科学研究院技术转移中心（绵阳农科院）
	10	四川大学国家技术转移中心
	11	四川农业大学新农村发展研究院
	12	四川省技术转移中心
	13	四川省科技交流中心
	14	四川省科协企业创新服务中心
	15	四川省科学技术信息研究所
	16	四川省自然资源科学研究院
	17	四川西部医药技术转移中心
	18	四川中物技术有限责任公司
	19	西南科技大学科技园技术转移中心
	20	西南联合产权交易所有限责任公司
	21	中国科学院成都技术转移中心
	22	自贡市技术转移中心
贵州	1	贵州大学科学技术研究院
	2	贵州元通科技发展有限公司

续表

省份	机构序号	机构名称
云南	1	昆明理工大学技术转移中心
	2	亚太环保股份有限公司
	3	云南大学技术转移中心
	4	云南技术转移中心暨上海—云南技术转移基地
	5	云南省大学科技园办公室
	6	云南省机械研究设计院
陕西	1	宝鸡市科技创新交流服务中心
	2	国家（杨凌）农业技术转移中心
	3	陕西工业技术研究院
	4	陕西功能食品工程中心有限公司
	5	陕西省技术转移中心
	6	西安高新技术企业协会
	7	西安技术产权交易有限公司
	8	西安技术市场
	9	西安建筑科技大学技术转移中心
	10	西安交通大学技术成果转移有限责任公司
	11	西安科技产业发展中心
	12	西安科技大市场有限公司
	13	西安中科光机投资控股有限公司
	14	西北工业技术研究院
	15	咸阳市技术市场
	16	新兴能源科技有限公司
	17	杨凌示范区农村技术开发中心
	18	长安大学科技产业发展中心
	19	中国科学院水利部水土保持研究所

续表

省份	机构序号	机构名称
陕西	20	中国杨凌农业知识产权信息中心
	21	中国重型机械研究院股份公司
甘肃	1	甘肃省建材科研设计院
	2	甘肃省科技发展促进中心
	3	甘肃省农业科学院
	4	甘肃省轻工研究院
	5	甘肃省知识产权事务中心
	6	兰州大学科技园技术转移中心
	7	兰州交大科技成果转化有限公司
	8	兰州理工大学高新技术成果推广转化中心
青海	1	青海省科学技术开发中心
	2	西宁市科技创新促进中心
	3	中国科学院青海盐湖研究所
新疆	1	国家荒漠–绿洲生态建设工程技术研究中心
	2	新疆大学技术转移中心
	3	新疆民族药关键技术及工艺工程研究中心
	4	新疆农业科学院
	5	新疆申新科技合作基地有限公司
	6	新疆维吾尔自治区科技项目服务中心
	7	新疆中亚科技信息生产力促进中心
新疆生产建设兵团	1	石河子科学技术开发交流中心
	2	新疆生产建设兵团常设技术市场
	3	新疆石达赛特科技有限公司
大连	1	大连大学科技园
	2	大连工业大学技术转移中心

续表

省份	机构序号	机构名称
大连	3	大连交通大学现代轨道交通研究院
	4	大连理工大学技术转移中心有限公司
	5	中国科学院大连化学物理研究所技术转移转化中心
	6	中昊（大连）化工研究设计院有限公司
青岛	1	青岛海大新星计算机工程中心
	2	青岛华慧泽知识产权代理有限公司
	3	青岛技术产权交易所有限责任公司
	4	青岛胶科邦信技术服务有限公司
	5	青岛科大都市科技园集团有限公司
	6	青岛连城创新技术开发服务有限责任公司
	7	青岛市技术市场服务中心
	8	青岛中石大科技创业有限公司
	9	青岛中天智诚科技服务平台有限公司
	10	山东科技大学科技园管理有限公司
	11	中国海洋大学科学技术处
	12	中国科学院青岛产业技术创新与育成中心
宁波	1	宁波表面工程研究中心
	2	宁波高新区浙达技术转移咨询有限公司（浙江大学宁波技术转移中心）
	3	宁波市对外科技交流中心
	4	宁波市鄞州德来特技术有限公司
	5	中国兵器科学研究院宁波分院（中国兵器工业集团军民双向技术转移中心）
	6	中科院宁波材料所所地合作与技术转移办公室
厦门	1	厦门海峡科技创业促进有限公司
	2	厦门科易网科技有限公司
	3	中国科学院厦门产业技术创新与育成中心

续表

省份	机构序号	机构名称
深圳	1	清华大学深圳研究生院技术转移办公室
	2	深港产学研基地产业发展中心
	3	深圳大学技术转移中心
	4	深圳联合产权交易所股份有限公司
	5	深圳清华国际技术转移中心
	6	深圳市对接平台科技发展有限公司
	7	深圳市华创科技创新成果产业转化中心
	8	深圳市南方国际技术交易市场有限公司
	9	深圳市南山科技事务所
	10	深圳先进技术研究院工程中心
	11	深圳中科院知识产权投资有限公司

第七部分　大事记

1月31日　中共中央办公厅、国务院办公厅印发了《建设高标准市场体系行动方案》，坚持平等准入、公正监管、开放有序、诚信守法，畅通市场循环，疏通政策堵点，打通流通大动脉，推进国家治理体系和治理能力现代化。

2月28日　人力资源社会保障部、财政部、科技部印发《关于事业单位科研人员职务科技成果转化现金奖励纳入绩效工资管理有关问题的通知》，落实以增加知识价值为导向的收入分配政策，进一步推动科技成果转移转化。

4月23日　科技部火炬中心印发《关于开展2021年度"火炬科技成果直通车"工作的通知》，提出加快发展技术要素市场，建立健全科技成果常态化路演制度，建立以企业为主体、市场为导向、产学研深度融合的技术创新体系，促进高水平技术成果与高质量科技企业的精准对接，加快推动科技成果在地方落地转化。

5月18—19日　科技部火炬中心对国家技术转移集聚区（北京）、海洋国家技术转移中心（青岛）等11家国家技术转移区域中心的建设方案进行咨询评议，进一步推进国家技术转移区域中心的创新能力建设，构建更加完善的要素市场化配置体制机制。

5月19日　科技部火炬中心启动2021年度"火炬科技成果直通车"工作。

5月26日　科技部火炬中心印发《国家技术转移人才培养基地工作指引（试行）》的通知，旨在建立大纲、基地、教材、师资"四位一体"的国家技术转移人才培养体系，提高技术转移专业服务能力。

12月3日　科技部火炬中心印发《关于做好2021年度技术市场统计与科技成果登记相关统计工作的通知》。

12月21日　国务院办公厅印发《要素市场化配置综合改革试点总体方案》，积极稳妥地开展要素市场化配置综合改革试点工作。

第七部分 大事记

12月24日	《中华人民共和国科学技术进步法》由中华人民共和国第十三届全国人民代表大会常务委员会第二十二次会议进行修订通过，自2022年1月1日起施行。
12月29—31日	科技部火炬中心举办2021年度全国火炬统计工作线上培训班，专门部署了技术市场与科技成果统计工作，确保2021年度统计数据及时准确上报，提高统计工作质量，支撑国家科技统计工作和新时期火炬工作顺利实施。
12月31日	2021年全年共签订技术合同670 506项，成交额为37 294.3亿元，同比分别增长22.1%和32.0%；全年共登记科技成果78 655项，产出各类知识产权132 034项，同比分别增长2.8%和9.7%。技术合同成交额和科技成果登记总量均创历史新高。
12月31日	2021年全国共举办了11场"火炬科技成果直通车"活动，围绕生物健康、医疗器械、智能制造、能源化工等高新技术细分领域，共征集科技成果2800多项，其中将近200项科技成果与企业签订了合作研发、技术转让、技术许可、技术入股等技术合同，合同金额达10亿元；将18项科技成果与投融资机构达成投资协议，合同金额达16亿元；全年促成企业落地51家，服务机构入驻131家。